簿記処理基本演習

倍 和博 ［編著］

森田英二・齋藤香織・細田雅洋・野口桂佑 ［著］

創 成 社

はじめに

　今日，企業に対して SDGs（持続可能な開発目標）や ESG（環境，社会，ガバナンス）などの CSR（企業の社会的責任）を遵守するよう，投資家をはじめとした各種ステークホルダー（利害関係者）からの要請が高まりを見せている。さらに人件費の高騰や人手不足などの影響を受ける形で企業の人的資本経営等にも注目が集まるが，企業がそれら CSR に関わる活動にいかに取り組んでいるのか，その実態を測る尺度が定まらず，いかなる方法でそれら諸活動の取組状況を測定すべきか経営者は頭を悩ませている。ここでヒントとなるのが「簿記」であろう。簿記の対象が資金の流れを管理する「取引」である点に着目して CSR 等の諸活動を俯瞰すると，その大部分は何らかの資金の動きを伴う取引であることからそれら諸取引の「簿記」による管理は理論的に可能といえる。その適用にあたっては未だ解決すべき課題が山積する状況にはあるものの，こうした観点に照らして考えると変貌を遂げる事業活動の実態を適切に把握する方法として「簿記」はかなり有効な手段となり得るのではないか。

　簿記とは事業を通じた企業の活動成果をフローとストックの両面から財務的に表現する手法であり，企業の活動実態の忠実な描写に主眼を置く簿記処理は，実際に行われる業務フローに沿って処理手続きを学習しなければならない。上記の特徴を有する日常の簿記（会計）処理では，取引を「勘定科目」と「貨幣額」によって表現する「仕訳」と，勘定口座ごとに仕訳データを「転記」して勘定科目別に整理するというシステマチックな作業を繰り返し行うことになる。この一見複雑に思える簿記の仕組みを理解するにはいくつかの原理や原則を理解しておく必要があり，企業活動全体のどこに会計業務が位置づけられるかというマクロ的な視点から個々の項目の処理内容を学習していくことがとても大切な行為といえる。こうした事業活動のプロセスに準拠しながら簿記処理を考える視点が，本書の基本スタンスである。

　以上のように，本書は初学者の簿記処理能力の向上に役立つ実践的な問題演習を念頭に置きながら，その延長線上に位置づけられる会計学への導入を意識した全 23 章から構成されており，巻末には簿記処理の理解度チェックのための「実力テスト」も掲載している。加えて，自身の習熟度に合わせてどの章からでも学習できるよう各章の冒頭部分に「学習の要点」として各章のポイントをまとめており，各章の演習問題にとりかかる前にこの部分を一読して主要な論点を確認しておくと高い学習効果が得られるであろう。本書を利用される方々には，今日の経済社会を生き抜く手段として簿記処理の基本の理解を深めるとともに，簿記処理が実務のどの場面でどのように役立つのかというより体系的な知識を修得できるよう学習を進めていただくことを願っている。

　最後に，本書を上梓するにあたり，厳しい出版事情のもとで本書の出版をご快諾いただいた(株)創成社代表取締役社長の塚田尚寛氏をはじめ，出版のご苦労をおかけした関係各位に深甚の謝意を表したい。

2024 年 1 月

編著者　倍　和博

目　　次

簿記処理基本演習

【問 題 文】

第1章　企業活動と簿記の諸概念

----------------------- 学習の要点 -----------------------

1. **【簿記 (bookkeeping) とは】**
　　企業の経営活動の成果を正確かつ継続的に記録するために，経営活動を一定の記帳方法で記録・計算・集計・整理するための方法 (技術)。記帳方法ないしはその仕組みの違いから，「複式簿記」と「単式簿記」に区分される。

2. **【資産】**
　　企業が経営活動を遂行する上で必要となる現金や備品，建物，土地などの「財貨」と，売掛金や貸付金，受取手形などの「債権」から構成される。

3. **【負債】**
　　資本主以外から調達された資本 (＝他人資本)，つまり買掛金や借入金など将来において一定の金額を支払わなければならない「債務」を意味する。

4. **【純資産】**
　　企業の経営活動に必要な資本のうち，店主または株主などの資本主が拠出した元手，およびその増加分のことであり，「資本主の持分 (equity)」を表わしている (＝自己資本)。

5. **【貸借対照表 (balance sheet：B/S)】**
　　企業がある時点で保有している資産，負債および純資産の一覧表。

6. **【貸借対照表等式】**
　　資産　＝　負債 (他人資本)　＋　純資産 (自己資本)

7. **【収益】**
　　企業の経営活動の成果として純資産を増加させる原因となる事実。売上や受取手数料，受取利息，受取家賃などがその一例。

8. **【費用】**
　　企業の経営活動の成果として純資産を減少させる原因となる事実であり，収益を獲得するために費やされた犠牲部分。仕入，給料，広告費，交通費，通信費，支払利息，支払家賃などがその一例。

9. **【損益計算書 (profit and loss statement：P/L, income statement：I/S)】**
　　企業の一定期間における経営成績，つまり収益と費用の内容と当期純利益 (または当期純損失) を示した一覧表。

10. **【損益計算書等式】**
　　費用　＋　当期純利益　＝　収益
　　費用　＝　収益　－　当期純利益

【問1】 次の各項目について，資産に属するものには A を，負債に属するものには L を，純資産に属するものには E を，収益に属するものは P を，費用に属するものは C を記入しなさい。

(1) 広告宣伝費	(2) 未 払 金	(3) 保 険 料	(4) 当 座 預 金
(5) 受取配当金	(6) 売 掛 金	(7) 借 入 金	(8) 資 本 金
(9) 雑 益	(10) 貸 付 金	(11) 仕 入	(12) 車両運搬具
(13) 現 金	(14) 買 掛 金	(15) 売 上	(16) 支 払 手 形
(17) 有価証券利息	(18) 受 取 手 形	(19) 支 払 利 息	(20) 建 物

【問2】 令和×5年1月1日に開業した日向商店の資産と負債は次のとおりである。

(1) 令和×5年1月1日現在の貸借対照表を作成しなさい。資本金の額は各自算定のこと。

現 金 ／ 410,000 備 品 ／ 530,000 借入金 ／ 250,000 資本金 ／ ？

(2) 日向商店の決算日（令和×5年12月31日）における資産と負債は次のとおりである。令和×5年12月31日現在の貸借対照表を作成しなさい。なお，資本金の変動はない。

現 金 ／ 350,000 売掛金 ／ 395,000 備 品 ／ 450,000
買掛金 ／ 310,000 借入金 ／ 180,000

【問3】 令和×4年1月1日に開業した南宮崎商店の1年間（令和×4年12月31日まで）の収益・費用は次のとおりである。令和×4年12月31日現在の損益計算書を作成しなさい。

売 上 ／ 710,000 受取手数料 ／ 8,000 受取配当金 ／ 7,000 仕 入 ／ 505,000
給 料 ／ 112,000 支払家賃 ／ 45,000 水道光熱費 ／ 6,000

【問4】 次の表の空欄に適当な金額を記入しなさい。なお，当期純損失の場合には△印をつけること。

【問5】 次の表の空欄に適当な金額を記入しなさい。なお，当期純損失の場合には△印がついている。

【問6】 次の表の空欄に適当な金額を記入しなさい。なお，当期純損失の場合には△印をつけること。

第2章　会計データの処理のメカニズム

── 学習の要点 ──

1.【簿記でいう取引】

　企業の経営活動によって財産，つまり資産や負債，純資産が増加・減少したり，収益や費用が発生する事象を意味する。

2.【取引の２面性】

　すべての取引は，その内容を２つの側面（原因・結果）からとらえることができる。個々の取引の２面性に着目して取引内容を２面的に分解すると，資産，負債，純資産，収益，費用の５つの要素は，下記の図に示したように，左側の借方と右側の貸方を合わせて８要素に分解される。

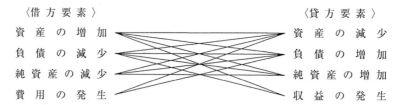

〈借方要素〉　　　　　　　　　　　　　　〈貸方要素〉
資産の増加　　　　　　　　　　　　　　資産の減少
負債の減少　　　　　　　　　　　　　　負債の増加
純資産の減少　　　　　　　　　　　　　純資産の増加
費用の発生　　　　　　　　　　　　　　収益の発生

3.【勘定】

　勘定とは，資産，負債，純資産の増加と減少，および収益，費用の発生の状況を明らかにするための記録および計算の単位を意味する。

・資産勘定…現金，当座預金，売掛金，有価証券，建物，土地など

・負債勘定…買掛金，借入金，前受金など

・純資産勘定…資本金など

・収益勘定…売上，受取利息，有価証券利息など

(借方)	勘定科目名	(貸方)

・費用勘定…仕入，減価償却費，支払利息，通信費など

　勘定ごとにその増減を記録，計算するために設けた簿記上の場所を「勘定口座」という。右上に示す勘定口座の形式は「標準式」（その形状から「Ｔフォーム」とも呼ばれる）と呼ばれ，左側を「借方」，右側を「貸方」という。

4.【勘定記録のルール】

　各項目の勘定記入に関するルールを整理すると，次のようになる。

資産の勘定		負債の勘定		純資産の勘定	
増　加	減　少	減　少	増　加	減　少	増　加

収益の勘定		費用の勘定	
(取消額)	発　生	発　生	(取消額)

【問1】 次の取引の中で，簿記上の取引となるものに○，ならないものに×をつけなさい。

(1) 商品￥12,000 を現金で売り上げた。

(2) 店舗の賃貸契約（月￥65,000 支払い）をした。

(3) 店の金庫にあった現金￥43,000 が盗難にあった。

(4) アルバイトを1人雇うことにした。

(5) 建物が地震により倒壊した。

(6) 銀行で5千円札1枚を千円札5枚に両替した。

(7) 商品を仕入れ，現金￥35,000 を支払った。

【問2】 次の(1)から(5)までの文の（　　　　）の中には，「借方」または「貸方」の言葉が入る。該当するどちらかの言葉を記入しなさい。

(1) 資産の減少は（　　　　）に記入する。　　(2) 負債の増加は（　　　　）に記入する。

(3) 費用の発生は（　　　　）に記入する。　　(4) 収益の発生は（　　　　）に記入する。

(5) 純資産の減少は（　　　　）に記入する。

【問3】 次の取引を，〈例〉にならって，「借方の要素」と「貸方の要素」に分解しなさい。

〈例〉手数料￥3,000 を現金で支払った。

　　（借）費用の発生　3,000　　　　（貸）資産の減少　3,000

7月1日　事業開始に際し現金￥150,000 を元入れ（出資）した。

　　5日　事務用の備品￥50,000 を購入し，代金は現金で支払った。

　　12日　銀行から現金￥20,000 を借入れた。

　　17日　商品￥13,000 を仕入れ，代金は現金で支払った。

　　23日　上記（17日）の商品を現金￥18,000 で販売した。

　　26日　給料￥6,000 を現金で支払った。

　　29日　借入金のうち￥10,000 を現金で支払った。

【問4】 次の取引を，〈例〉にならって，「借方の要素」と「貸方の要素」に分解しなさい。

〈例〉商品￥10,000 を仕入れ，代金は現金で支払った。

　　（借）費用（仕入）の発生　10,000　　　（貸）資産（現金）の減少　10,000

(1) 銀行から現金￥45,000 を借入れた。

(2) 営業用の車両を￥1,000,000 で購入し，代金は現金で支払った。

(3) 先月の電話代￥40,000 を現金で支払った。

(4) 商品￥100,000 を仕入れ，代金は掛けとした。

(5) 商品￥85,000 分を売上げた。なお，代金は全額現金で受取った。

(6) 銀行からの借入金￥16,000 を現金で返済した。

第3章 仕訳と転記

---------------- 学習の要点 ----------------

1.【仕訳と仕訳帳】

　　仕訳とは，各取引要素を分解して，借方と貸方の勘定科目と金額とを確認した後に貸借記入の決定を行うことである。仕訳は，①簿記上の取引の認識，②借方要素と貸方要素の分解，③借方と貸方の勘定科目と金額の決定，という手順で行う。仕訳帳は，仕訳を記録する帳簿であり，すべての取引を分解して，(1)どのような勘定科目に，(2)どれだけの金額の増減が生じたかを，(3)取引の発生順に記録することを目的としている。

2.【転記と総勘定元帳】

　　転記とは，仕訳を各勘定口座に書き移す手順を意味する。これらすべての勘定口座を集めたものを「総勘定元帳」という。転記する際には，必ず仕訳で借方に記入した勘定科目の金額は同じ名称の勘定口座の借方に転記し，仕訳で貸方に記入した勘定科目と金額は同じ名称の勘定口座に書き移す。

　　仕訳と転記の関係を示すと，次のようになる。

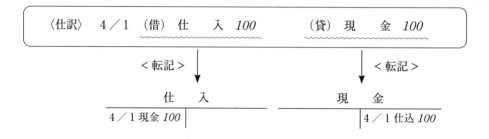

　　なお，仕訳から転記までの処理の流れは，以下の図のようになる。

【問1】 次の取引を仕訳しなさい。

12月3日　営業用の建物¥850,000および車両運搬具¥200,000を購入し，代金は現金で支払った。

　　6日　取引先に現金¥8,000を貸付けた。

　　12日　仕入先に対し，買掛金¥13,000を現金で支払った。

　　15日　得意先から売掛金¥45,000を現金で回収した。

　　22日　借入金¥30,000を利息¥3,000とともに現金で返済した。

　　25日　従業員の給料¥5,000を現金で支払った。

　　29日　商品売買の仲介を行い，手数料¥2,500を現金で受取った。

【問2】 次の仕訳を，勘定口座（Tフォーム）に転記しなさい。

	借方科目	金　額	貸方科目	金　額
5月2日	仕　　　入	290,000	現　　　金	290,000
4日	貸　付　金	130,000	現　　　金	130,000
12日	現　　　金	350,000	売　　　上	350,000
18日	現　　　金	10,000	受取手数料	10,000
24日	給　　　料	120,000	現　　　金	120,000
29日	現　　　金	138,000	貸　付　金	130,000
			受　取　利　息	8,000

【問3】 次の11月中の取引を仕訳し，勘定口座（Tフォーム）に転記しなさい。

11月1日　都城商店は，現金¥450,000と建物¥1,200,000を元入れして開業した。

　　5日　日向銀行より現金¥270,000を借入れた。

　　13日　日南商店より商品¥250,000を現金で仕入れた。

　　18日　延岡商店に上記の商品を¥300,000で販売し，代金は現金で受取った。

　　25日　水道光熱費¥20,000と従業員に給料¥110,000を現金で支払った。

　　29日　借入金¥270,000を返済し，支払利息¥14,000とともに現金で支払った。

第4章 試算表の基本

1.【試算表（trial balance：T/B）とは】

決算にあたり，日常の取引を記入した仕訳帳を締切り，貸借平均の原理から仕訳帳から総勘定元帳への転記が正しく行われているかどうかを検証するために作成する計算書。

2.【試算表の種類】

(1)合計試算表，(2)残高試算表，(3)合計残高試算表の3種類がある。

(1)　合計試算表は，総勘定元帳のすべての勘定口座の借方金額と貸方金額をそれぞれ合計するタイプ。

合計試算表

借方合計	勘定科目	貸方合計

(2)　残高試算表は，一定時点における総勘定元帳の資産，負債，純資産，収益，費用の各勘定残高を一覧表示するタイプ。

残高試算表

借方残高	勘定科目	貸方残高

(3)　合計残高試算表は，合計試算表と残高試算表を1つにまとめて表示するタイプ。

合計残高試算表

借　方		勘定科目	貸　方	
残　高	合　計		合　計	残　高

【問1】 次の仕訳を総勘定元帳の各勘定口座に転記し，合計試算表（令和×8年11月30日付）を作成しなさい。

11/1	（借）	現　　　金	700,000	（貸）	資　本　金	700,000
4	（借）	現　　　金	35,000	（貸）	借　入　金	35,000
7	（借）	仕　　　入	50,000	（貸）	現　　　金	50,000
11	（借）	現　　　金	80,000	（貸）	売　　　上	80,000
13	（借）	貸　付　金	10,000	（貸）	現　　　金	10,000
15	（借）	現　　　金	9,000	（貸）	受取手数料	9,000
25	（借）	給　　　料	11,000	（貸）	現　　　金	13,000
		支 払 家 賃	2,000			
29	（借）	広告宣伝費	5,000	（貸）	現　　　金	6,000
		水道光熱費	1,000			

【問2】 次の総勘定元帳に基づいて，青山商店の期末（令和×6年12月31日）における残高試算表を作成しなさい。なお，各勘定は合計額で示してある。

総勘定元帳

現　金　1	
439,000	17,000

売　掛　金　2	
385,000	62,000

貸　付　金　3	
10,000	1,500

借　入　金　4	
	43,700

資　本　金　5	
	700,000

売　　上　6	
5,000	80,000

受取利息　7	
	300

仕　　入　8	
50,000	3,000

給　　料　9	
11,000	

支払家賃　10	
1,500	

広告宣伝費　11	
5,000	

水道光熱費　12	
1,000	

【問3】 次の3月25日までの総勘定元帳（A）と，3月26日から3月31日までの諸取引（B）に基づいて，月末の合計残高試算表を作成しなさい。なお，総勘定元帳の各勘定は合計額で示してある。

（A）3月25日までの総勘定元帳

総勘定元帳

現　金　1	
1,832,000	782,000

売　掛　金　2	
1,104,000	618,000

繰越商品　3	
253,000	

買　掛　金　4	
429,000	985,000

借　入　金　5	
40,000	240,000

資　本　金　6	
	800,000

売　　上　7	
32,000	2,001,000

仕　　入　8	
1,163,000	28,000

給　　料　9	
476,000	

水道光熱費　10	
105,000	

支払利息　11	
2,000	

雑　　損　12	
18,000	

（B）3月26日から3月31日までの取引

3月26日　商品¥*210,000*で販売し，代金のうち¥*100,000*は現金で受取り，残額は掛けとした。

　　27日　買掛金のうち¥*180,000*を現金で支払った。

　　29日　商品¥*250,000*を仕入れ，代金は掛けとした。

　　30日　売掛金のうち¥*200,000*を現金で受取った。

　　31日　借入金¥*60,000*を利息¥*3,000*とともに現金で支払った。

 Memo

 Memo

第5章　精算表の基本

学習の要点

1.【精算表（working sheet：W/S）とは】

　　試算表に要約された総勘定元帳データに基づき，損益計算書と貸借対照表を作成するための準備として一連のプロセスを一覧表の形式でまとめたもの。桁数の違いにより，6桁精算表，8桁精算表，10桁精算表がある。下記に6桁精算表を例示しておく。

6　桁　精　算　表

勘定科目	残高試算表		損益計算書		貸借対照表	
	借方	貸方	借方	貸方	借方	貸方
現　　　　金	1,500				1,500	
当 座 預 金	1,000				1,000	
売 　掛 　金	300				300	
建　　　　物	6,000				6,000	
買 　掛 　金		500				500
借 　入 　金		600				600
資 　本 　金		7,300				7,300
売　　　　上		1,500		1,500		
仕　　　　入	800		800			
給　　　　料	200		200			
支 払 利 息	100		100			
当 期 純 利 益			400			400
	9,900	9,900	1,500	1,500	8,800	8,800

2.【精算表の作成手順】

　　精算表は，決算終了後に貸借対照表と損益計算書の成否をチェックできる点に特徴がある。なお，精算表の作成手順は次のようになる。ここでは，残高試算表を用いて精算表を作成する。

⑴　総勘定元帳の各勘定の残高を残高試算表欄に書き移して，借方と貸方のそれぞれの合計額を計算する。

⑵　残高試算表欄の各勘定の金額のうち，収益に属する諸勘定の金額を損益計算書欄の貸方に，費用に属する諸勘定の金額を損益計算書欄の借方に記入する。

⑶　残高試算表欄の各勘定の金額のうち，資産に属する諸勘定の金額を貸借対照表の借方に，負債と純資産に属する諸勘定の金額を貸借対照表の貸方に記入する。

⑷　損益計算書欄および貸借対照表の借方と貸方の金額をそれぞれ合計して，その差額を計算する。

⑸　⑷で求めた差額は，当期純利益または当期純損失を意味しているので，それぞれ合計額の少ない側にその差額を記入し，各欄の借方と貸方の合計額が一致することを確認してから複線（二重線）で締切る。その際，当期純利益が生じる場合は，損益計算書欄では借方に，貸借対照表欄では貸方に示され，当期純損失の場合には，この逆となる。そして，損益計算書欄で算定された当期純利益（または当期純損失）の金額については赤字で記入する。

【問 1】 次の精算表を完成しなさい。

<u>6 桁 精 算 表</u>
令和×5 年 3 月 31 日

勘定科目	元丁	残高試算表		損益計算書		貸借対照表	
		借方	貸方	借方	貸方	借方	貸方
現　　　　　金	1	480,000					
建　　　　　物	2	550,000					
備　　　　　品	3	100,000					
借　　入　　金	4		190,000				
資　　本　　金	5		900,000				
売　　　　　上	6		320,000				
受　取　手　数　料	7		29,000				
仕　　　　　入	8	250,000					
給　　　　　料	9	24,000					
支　払　家　賃	10	28,000					
雑　　　　　損	11	7,000					
		1,439,000	1,439,000				
当　期　純（　　　）							

【問 2】 次の残高試算表に基づき，精算表を作成しなさい。

<u>残 高 試 算 表</u>
令和×7 年 3 月 31 日

借方残高	元丁	勘定科目		貸方残高
372,000	1	現	金	
299,000	2	当　座　預	金	
323,000	3	受　取　手	形	
	4	支　払　手	形	351,000
	5	借　　入	金	250,000
	6	資　　本	金	380,000
	7	売	上	544,000
394,200	8	仕	入	
80,000	9	給	料	
48,000	10	支　払　家	賃	
7,500	11	支　払　利	息	
1,300	12	雑	損	
1,525,000				1,525,000

第6章　現金・預金取引の処理

学習の要点

1.【現金勘定】

　　受取りによって現金が増加した場合には現金勘定の借方にその受取額を記入し，支払ったときにはその支払額を貸方に記入する。簿記でいう現金の範囲には通貨（紙幣や硬貨のこと）以外に，他人振出しの小切手，郵便為替証書，株式配当金領収証などの「通貨代用証券」が含まれる点に注意すること。

2.【現金出納帳】

　　現金の増減変化の適切な管理を目的とする補助簿の一種（補助記入帳）。

3.【現金過不足勘定】

　　現金の帳簿残高と実際有高の間に不一致が発見されたときには，現金過不足勘定を用いて処理を行う。不一致の原因が期中に判明したときには，その金額をただちに現金過不足勘定から適切な勘定に振替えるが，決算日になってもその原因が判明しない場合には，「現金不足額」を「雑損（雑損失）勘定（費用勘定）」へ，「現金過剰額」を「雑益（雑収入）勘定（収益勘定）」へ，それぞれ振替える。

4.【当座預金勘定】

　　銀行と当座取引契約を締結することにより，随時受入れや引出しが行える無利息の預金。当座預金の特徴は，小切手を振出すことによっていつでも預金の引出しが行える点にある。

5.【当座借越勘定】

　　当座借越契約とは，あらかじめ銀行との間で当座借越契約を締結しておくことにより，決められた借越限度額まで当座預金残高を超過しても小切手を振出すことができる契約を意味する。当座預金残高の超過額は「当座借越勘定（負債勘定）」の貸方に記録する。

6.【当座勘定】

　　当座預金勘定と当座借越勘定の2つの勘定をまとめて処理する際に用いる勘定科目。

7.【その他の預貯金】

　　普通預金，定期預金，通知預金，郵便貯金などについては，「諸預金勘定（資産勘定）」として預貯金をまとめて記帳する方法と，それぞれの預金ごとに個別の勘定を設けて記帳する方法がある。

【問1】 次の取引を仕訳しなさい。
(1) 宗像商店へ商品¥250,000を売上げ，代金は同店振出の小切手で受取った。
(2) 北九州株式会社より，¥5,000の配当金額収証が送付されてきた。
(3) 久留米商店に対する売掛金の回収として，郵便為替証書¥16,000を受取った。
(4) 保有している社債利札¥5,000の支払期限が本日到来した。

【問2】 次の取引を現金出納帳に記入しなさい。週末の締切りも行うこと。なお，これらの取引のすべてが現金出納帳に記入されるとは限らない。

7月1日	現金による商品の仕入	¥137,000
2日	売掛金の得意先振出小切手による回収	¥162,000
〃日	当店発行商品券による商品の売上	¥ 85,000
3日	現金の当座預金への預入れ	¥130,000
4日	家賃の現金による支払い	¥ 50,000
6日	現金の実際有高の不足額	¥ 3,000

【問3】 次の一連の取引を仕訳しなさい。
(1) 本日，現金の実際有高が帳簿残高より¥12,000少ないことが判明した。
(2) 上記(1)について調査したところ，支払利息¥3,000と通信費¥2,300の記帳漏れが判明した。
(3) 決算日となったが，現金不足の残額は原因不明である。

【問4】 次の取引を仕訳しなさい（二勘定制で仕訳すること）。
(1) 横浜商店は，買掛金¥24,000の支払いのため，小切手¥24,000を振出した。
(2) 川崎商店から商品¥300,000を仕入れ，代金のうち¥100,000は現金で支払い，残額は小切手を振出して支払った。
(3) 箱根商店は，横須賀商店に対する売掛金¥65,000について，同店振出しの小切手を受取り，ただちに当座預金に預入れた。
(4) 湘南商店は，鎌倉商店へ商品¥77,000を売渡し，代金は同店振出しの小切手を受取った。

【問5】 次の一連の取引を仕訳しなさい（一勘定制と二勘定制についてそれぞれ仕訳すること）。
(1) 成城商店から商品¥230,000を仕入れ，代金は小切手を振出して支払った。なお，当座預金残高は¥120,000であったが，当座借越契約（借越限度額¥400,000）を結んでいる。
(2) 豪徳寺商店に対する売掛金¥300,000を，同店振出の小切手で受取り，ただちに当座預金とした。
(3) 赤堤商店に対する買掛金¥250,000の支払いのため，小切手を振出した。

------------------------------ 学習の要点 ------------------------------

1.【小口現金】

　　交通費や切手の購入など，小額の支払いについてまで小切手を振出していたのではかえっ
て手数が掛かってしまう。そこで，用度係ないしは小口現金係を設けて，小口現金と呼ばれ
る一定の資金を支払いのために用意しておく。小口現金は，簿記処理上，「小口現金勘定（資
産勘定）」を用いて処理する。

2.【定額資金前渡制（インプレスト・システム）】

　　一定期間の支払いに必要となる金額をあらかじめ設定しておき，その金額を事前に用度係
に前渡ししておく方法。

3.【小口現金出納帳の記入方法】

　　用度係は，小口現金の受入れと支払いの収支明細を記録するために，補助記入帳として小
口現金出納帳を作成することがある。小口現金出納帳に記入を行う際には，どの時点で資金
を補給するかがポイントとなる。小口現金の補給には，週末に補給する方法と週初めに補給
する方法の2種類がある。

小口現金出納帳

受　入	日　付		摘　　要	支　払	交通費	通信費	消耗品費	雑　費
30,000	4	1	前　週　繰　越					
		2	文　　具　　代	1,500			1,500	
		3	切　　手　　代	2,500		2,500		
		4	新　　聞　　代	5,000				5,000
		5	タ　ク　シ　ー　代	18,300	18,300			
			合　　　　　計	27,300	18,300	2,500	1,500	5,000
27,300	5		本　日　補　給					
	〃		次　週　繰　越	30,000				
57,300				57,300				
30,000	4	8	前　週　繰　越					

【問1】 次の小口現金取引を仕訳しなさい。なお，仕訳不要の場合は「仕訳なし」と記入すること。また，当店はインプレスト・システムを採用している。

7/1 本日7月分の小口現金¥50,000を，小切手を振出して用度係に前渡しした。

11 用度係が以下について小口現金で支払った。
タクシー代¥15,000 電話料金¥8,000 電気代¥13,000

31 用度係から，次のような報告を受けた。
交通費¥15,000 通信費¥8,000 水道光熱費¥13,000

8/1 小切手を振出して資金を補給した。

【問2】 次の取引を仕訳しなさい。

(1) 小口現金係から，以下のように支払いの報告を受けたため，ただちに小切手を振出して資金を補給した。なお，当店では定額資金前渡制度（インプレスト・システム）により，小口現金係から毎週月曜日に前週の支払報告を受け，これに基づいて資金を補給した。
通信費¥25,000 旅費交通費¥31,800 雑 費¥8,400

(2) 月末に，会計係は小口現金係から本月分の小口現金の支払高について，次のとおり報告を受けたので，ただちに小切手を振出して資金の補給をした。ただし，定額資金前渡制を採用している。
通信費¥46,000 消耗品費¥22,000

【問3】 次の取引を小口現金出納帳に記入し，週末における締切りと資金の補給に関する記入を行いなさい。ただし，小口現金係は毎週土曜日に今週の支払いの内容を報告し，資金の補給を受けている。なお，資金の補給方法はインプレスト・システムによる。

10/6 （月）郵便切手・ハガキ代 ¥7,800　　9 （木）鉛筆・ボールペン代 ¥1,200
7 （火）バス回数券代 ¥2,000　　10 （金）お茶・コーヒー代 ¥1,000
8 （水）新聞代 ¥3,500　　11 （土）各種用紙代 ¥5,800

【問4】 次の取引を小口現金出納帳に記入し，週末における締切りと小切手振出による資金の補給に関する記入を行いなさい。なお，定額資金前渡制度（インプレスト・システム）により，小口現金係は毎週月曜日に前週の支払いの内容を報告し，資金の補給を受けている。

2月10日 （月）文房具代 ¥1,270　　13日 （木）プリペイドカード代 ¥1,000
11日 （火）タクシー代 ¥1,620　　14日 （金）計算機代 ¥3,200
12日 （水）地下鉄回数券代 ¥1,500　　〃 接客用お茶代 ¥3,000

第8章　有価証券取引の処理

1.【売買目的有価証券】

時価の変動により利益を得ることを目的として保有する有価証券を指す。

2.【有価証券の取得時】

$$取得原価　=　購入代価　+　付随費用$$

※付随費用とは，買入手数料などの取得に要したすべての金額である。

3.【有価証券の売却時】

① 帳簿価額＜売却価額の場合

（借）　現　　　　　　　金　×××	（貸）　売買目的有価証券　×××
	有価証券売却益　×××

② 帳簿価額＞売却価額の場合

（借）　現　　　　　　　金　×××	（貸）　売買目的有価証券　×××
有価証券売却損　×××	

4.【有価証券の評価替え】

売買目的有価証券については，決算時に時価（市場価額）を貸借対照表価額として用いて評価差額を当期の損益として計上する。

① 帳簿価額＞時価の場合

（借）　有価証券評価損　×××	（貸）　売買目的有価証券　×××

② 帳簿価額＜時価の場合

（借）　売買目的有価証券　×××	（貸）　有価証券評価益　×××

5.【有価証券の利子・配当金】

公債や社債などの債権を保有している場合には定期的に一定の利息を受取ることができるが，このような有価証券の保有から得られた利子は，「有価証券利息勘定（収益勘定）」の貸方に記入する。また，株式の保有により配当金を受取ったときには，「受取配当金勘定（収益勘定）」の貸方に記入する。

【問1】 次の取引を仕訳しなさい。

⑴ 売買を目的として目黒工業の株式@¥340 を 5,000 株購入し，代金は手数料¥16,000 とともに月末に支払うことにした。

⑵ 上記の株式のうち 3,000 株を 1 株¥420 で売却し，手数料¥8,000 を差引かれ，手取金は小切手で受取った。

⑶ 上記の株式 2,000 株の保有に伴って，1 株につき¥50 の配当金領収証が送られてきた。

⑷ 売買を目的として額面¥2,000,000 の国債を@¥97 で購入し，代金は現金で支払った。

⑸ 上記国債の利率は年 5%であり，利払日となったので利息を当座預金に預入れた。なお，利払は年 2 回である。

⑹ 決算にあたり，売買目的で所有していた目黒工業の株式 2,000 株を，1 株につき¥415 に評価替えする。

【問2】 次の取引を仕訳しなさい。なお，当座取引については，二勘定制を用いること。

⑴ 売買目的で所有している池袋リース株式会社の株式 1,500 株（取得原価：@¥900，前期末時価：@¥850，切放法を採用）を 1 株につき¥920 で売却し，代金は当座預金に預入れた。

⑵ 売買を目的として額面¥5,000,000 の社債を@¥97 で購入し，代金は買入手数料¥18,000 とともに，小切手を振出して支払った。なお，当社の当座預金残高は¥4,500,000 であり，借越限度額¥1,000,000 の当座借越契約を結んでいる。

⑶ 鹿児島電鉄株式会社の株式 2,200 株を，短期に売却処分する目的で 1 株につき@¥1,200 で購入し，代金は支払手数料¥110,000 とともに月末に支払うこととした。

⑷ 上記の鹿児島電鉄株式会社の株式のうち 1,500 株を 1 株¥1,050 で売却し，手数料¥7,500 を差引かれ，手取金は小切手で受取った。

⑸ 決算に際し，短期保有目的で所有している株式 800 株（帳簿価額@¥2,400）について，時価が¥2,200 となったので評価替えを行う。

⑹ 売買を目的として当期に購入した株式 200 株（取得原価：@¥1,500）を，決算日に 1 株につき¥1,750 で売却し，代金は当座預金に預入れた。

第9章　商品仕入・販売取引の処理

─── 学習の要点 ───

1.【3分法】
　　仕入取引は仕入勘定に，販売取引は売上勘定に，在庫管理取引は繰越商品勘定にそれぞれ記入する商品売買取引において用いる方法。

2.【商品仕入活動の記帳方法】
　　商品を仕入れたとき：仕入原価（仕入単価×仕入数量）は，「仕入勘定（費用勘定）」の借方に記入する。その際，仕入に付随して生じた仕入諸掛は仕入原価に含めて処理する。

　　仕入値引きを受けたとき：値引額は，仕入勘定の貸方に記入する。

　　仕入戻し−返品したとき：仕入戻し額は，仕入勘定の貸方に記入する。

3.【販売活動の記帳方法】
　　商品を販売したとき：売価（売上原価＋売上総利益）は，「売上勘定（収益勘定）」の貸方に記入する。売上勘定の期末の残高は，当期中に販売された商品の売上総額，つまり売上高の合計額を示す。

　　売上値引きをしたとき：値引額は，売上勘定の借方に記入する。

　　売上戻り−返品されたとき：売上戻り額は，売上勘定の借方に記入する。

4.【繰越商品勘定】
　　決算の際に，期末に売れ残った商品の期末商品棚卸高を記録する勘定。

5.【売上原価と売上総利益の算定】

> 売 上 原 価 ＝ 期首商品棚卸高 ＋ 当期商品仕入高 － 期末商品棚卸高
>
> 売上総利益 ＝ 売上高 － 売上原価

　　売上原価を算定するには決算整理仕訳が必要であり，主に以下の方法で処理を行う。

　●仕入勘定で算定する方法

> ① （借）仕　　　入　×××　　（貸）繰越商品　×××
> ② （借）繰越商品　×××　　（貸）仕　　　入　×××

①　繰越商品勘定の借方の前期繰越額である期首商品棚卸高を，仕入勘定に振替える。

②　期末において在庫として残った商品の原価を，期末商品棚卸高として仕入勘定から繰越商品勘定の借方に振替える。

【問1】　次の取引を仕訳しなさい。
(1)　青島商店により商品¥25,000を現金で仕入れた。
(2)　人吉商店に商品¥35,000を販売し，代金のうち¥20,000は現金で受取り，残額は人吉商店振出しの小切手を受取った。
(3)　指宿商店より商品¥45,000を仕入れ，代金のうち¥32,000は小切手を振出して支払い，残額は現金で支払った。
(4)　嘉穂商店に商品¥51,000を販売し，代金の半額は現金で受取り，残りの半額は嘉穂商店振出しの小切手を受取り，直ちに当座預金とした。

【問2】　次の取引を仕訳しなさい。なお，人名勘定は用いてはいない。
11/ 5　大塚商店より商品¥35,000を掛で仕入れた。
　　 7　花山手商店に商品¥57,000を売上げ，代金のうち¥35,000は現金で受取り，残額は掛とした。
　　12　大坪商店より商品¥60,000を仕入れ，代金の30％を現金で支払い，残額は月末に支払うことにした。
　　18　花山手商店に対する掛代金¥42,000を先方振出しの小切手で回収した。
　　24　大塚商店に対する買掛金¥29,000を，現金で支払った。

【問3】　次の取引を仕訳しなさい。
(1)　筑豊商店から掛で仕入れた商品¥60,000のうち，¥10,000が不良品であったため返品した。
(2)　飯塚商店に掛で売上げた商品の一部¥25,000が返品された。
(3)　天神商店へ掛で売渡した商品¥80,000の一部に傷があるとの連絡を受け，売上代金の10％を値引きすることになり，同店に対する掛代金から差引いた。
(4)　長浜商店から掛で仕入れた商品¥45,000を検品したところ，品量不足であることが判明した。そこで¥5,000の値引きを受けることで先方と合意したので，同店に対する買掛金から差引いた。

【問4】　次の取引を仕訳しなさい。
(1)　世田谷商店は，商品¥33,000を掛で仕入れ，当方負担の引取運賃¥1,000を現金で支払った。
(2)　下北沢商店より，商品¥120,000を掛で仕入れ，先方負担の諸費用¥2,000を現金で立替払いした。
(3)　東玉川商店へ商品¥90,000を掛で売上げた。なお，売上の際には当方負担の発送運賃¥5,000を現金で支払った。
(4)　奥沢商店に商品¥55,000を売上げ，代金のうち¥30,000を現金で受取り，残額を掛とした。なお先方が負担するべき運送保険料¥1,000を現金で立替払いした（立替金勘定は用いないこと）。

【問5】　次の資料に基づいて，解答用紙の各勘定について，（　）内に必要な記入を行いなさい。なお，売上原価は仕入勘定で計算するものとする。また，当期中の仕入，仕入値引，売上および売上戻りは，便宜上，全部まとめて記帳してある。
［資料］
1．期首商品棚卸高　¥90,000　　2．総仕入高　¥2,180,000　　3．仕入値引高　¥30,000
4．総売上高　¥2,500,000　　5．売上戻り高　¥40,000　　6．期末商品棚卸高　¥120,000

第10章　商品取引の帳簿記入

----------------- 学習の要点 -----------------

1.【仕入帳】

　　商品仕入取引の明細を取引の発生順に記入する補助記入帳を指す。仕入帳と総勘定元帳の仕入勘定とを照合することにより，両者の記帳の誤りが確認できる。なお，仕入帳には取引費用を含めて計算する。

2.【売上帳】

　　商品販売取引の明細を取引の発生順に記入するための補助記入帳を指す。売上帳と総勘定元帳の売上勘定とを照合することにより，両者の記帳の誤りが確認できる。なお，売上帳には取引費用などを計算に含まない。

3.【商品有高帳】

　　商品の種類ごとに口座を設け，商品の受入れ，払出しおよび残高の明細を記録することにより，手許にある商品の管理を目的とした補助元帳を指す。

　　商品有高帳には次の手順で記入を行うが，払出したときの単価と金額は，売価ではなく，すべて原価で記入する点に注意する。また，仕入値引・戻しについては受入欄に，売上戻りは引渡欄に赤字で記入するが，売上値引きについてはとくに記入する必要はない。

① 商品ごとに口座を設ける。

② 商品を受入れたときには受入欄に数量，単価，金額を記入し，残高欄にそのたびごとの現在高を記入する。

③ 商品を払出したときには引渡欄に数量，単価，金額を記入し，払出した商品を除いた後の残高を記入する。

4.【払い出し単価の決定方法】

　　同じ種類の商品であっても，仕入先や仕入時期の違いから仕入単価が異なる場合には，引渡した商品の金額と残高を計算するために，どの仕入単価を払出単価として用いるかをあらかじめ決めておく必要がある。

　　払出単価を決定する方法には，「先入先出法」「後入先出法」「移動平均法」などがある。

・先入先出法…先に受入れた商品から先に払出されていくと仮定して，払出単価および期末商品棚卸高を決める方法。

・移動平均法…商品を受入れるたびに受入金額と直前の残高金額との合計額を，その受入れ数量と直前の残高数量との合計額で除して新たな平均単価を順次計算し，払出単価および期末商品棚卸高を決める方法。

【問1】 次の取引を仕入帳に記入し，月末に締切りなさい。

3月1日　幕張商店より以下の商品を仕入れ，代金は掛けとした。

T シャツ　　500 枚　　@¥2,000

Y シャツ　　300 枚　　@¥2,200

9日　幕張商店から仕入れた商品のうち，一部に品質不良があったので返品した。

Y シャツ　　10 枚　　@¥2,200

23日　阿佐ヶ谷商店から以下の商品を仕入れ，代金は掛けとした。なお，引取費用¥5,000 を現金で支払った。

T シャツ　　400 枚　　@¥1,800

Y シャツ　　350 枚　　@¥2,000

【問2】 次の取引を売上帳に記入し，月末に締切りなさい。

11月6日　埼玉商店に対し以下の商品を販売し，代金は掛けとした。なお，発送費¥8,000 を現金で支払った。

ハンドバッグ　　80 個　　@¥20,000　　¥1,600,000

ショルダーバッグ　50 個　　@¥12,000　　¥ 600,000

13日　埼玉商店に販売したハンドバッグについて，1個につき¥500 の値引を承諾し，値引額は売掛金から差引いた。

28日　福島商店に対し以下の商品を販売し，代金は同店振出しの小切手で受取り，ただちに当座預金に振替えた。

ハンドバッグ　　40 個　　@¥23,000　　¥920,000

【問3】 次の資料に基づいて，(1)移動平均法によって商品有高帳を作成し，(2)10 月中の売上原価と売上総利益を求めなさい。なお，商品有高帳の締切りを行う必要はない。

10月8日　仕　入　　150 個　　@¥1,300

13日　売　上　　130 個　　@¥2,200

21日　仕　入　　120 個　　@¥1,400

28日　売　上　　140 個　　@¥2,300

【問4】 次の資料に基づいて，(1)先入先出法・移動平均法のそれぞれによって解答用紙の商品有高帳に記入し，(2)それぞれの方法による6月中の売上原価と売上総利益の計算をしなさい。なお，商品有高帳の締切りを行う必要はない。

6月3日　仕　入　　50 個　　@¥2,640　　　20日　仕　入　　65 個　　@¥3,000

11日　売　上　　70 個　　@¥3,400　　　27日　売　上　　40 個　　@¥3,700

【問5】 次の仕入帳と売上帳に基づいて，移動平均法により解答用紙の商品有高帳に記入し，10 月中の売上原価と売上総利益を計算するために，（　）内に適切な金額を記入しなさい。なお，商品有高帳の締切りを行う必要はない。

仕　入　帳

令和×7年		摘　要		金　額
10	3	栃木商店　　　　　　掛 パソコン 15 台@¥70,000		1,050,000
	19	群馬商店　　　　　　掛 パソコン 10 台@¥77,000		770,000

売　上　帳

令和×7年		摘　要		金　額
10	10	川崎商店　　　　　　掛 パソコン 13 台@¥92,000		1,196,000
	28	品川商店　　　　　　掛 パソコン 18 台@¥93,000		1,674,000

【問6】　次の仕入帳と売上帳の記録に基づいて，(1)先入先出法により解答用紙の商品有高帳に記入し，(2) 3 月中の売上原価と売上総利益を計算しなさい。なお，商品有高帳の締切りを行う必要はない。

仕　入　帳

令和×8年		摘　要		金　額
3	2	香川商店	掛	
		ボールペン　100 本	@¥50	5,000
	19	富山商店	掛	
		ボールペン　130 本	@¥70	9,100
	20	富山商店	掛返品	
		ボールペン　10 本	@¥70	700

売　上　帳

令和×8年		摘　要		金　額
3	9	長野商店		
		ボールペン　90 本	@¥100	9,000
	27	水戸商店	掛	
		ボールペン　100 本	@¥95	9,500

 Memo

第11章　売掛金・買掛金の処理

―――― 学習の要点 ――――

1．【売掛金勘定と買掛金勘定】

　　信用取引に基づいて行われる商品の販売取引活動から生じた営業上の未収金（未収入金）を「売掛金」といい，商品の仕入取引活動から生じた営業上の未払金を「買掛金」という。

売　掛　金		買　掛　金	
前期繰越高	回収高	支払高	前期繰越高
当期増加高	値引・戻り高	値引・戻り高	当期増加高
	次期繰越高	次期繰越高	

2．【得意先元帳 （売掛金元帳）】

　　得意先ごとの売掛金の明細を記録する補助簿。

3．【仕入先元帳 （買掛金元帳）】

　　仕入先ごとの買掛金の明細を記録する補助簿。

4．【売掛金明細表】

　　期末や月末といった特定の日に，得意先別の売掛金残高についてまとめた明細表。したがって，売掛金明細表の合計金額は，売掛金勘定の残高と一致することになる。

5．【買掛金明細表】

　　期末や月末といった特定の日に，仕入先別の買掛金残高についてまとめた明細表。したがって，買掛金明細表の合計金額は，買掛金勘定の残高と一致することになる。

売掛金明細表		買掛金明細表	
	3 月 31 日		3 月 31 日
A株式会社	¥100,000	X株式会社	¥200,000
B株式会社	¥120,000	Y株式会社	¥250,000
C株式会社	¥180,000	Z株式会社	¥150,000
	¥400,000		¥600,000

【問1】 次の取引を仕訳しなさい。

(1) 商品￥310,000 を掛けで販売した。

(2) 上記の掛代金を全額現金で回収した。

(3) 掛けで販売した商品￥16,000 が返品された。

(4) 商品￥290,000 を掛けで仕入れた。

(5) 上記の掛代金を全額現金で支払った。

(6) 掛けで仕入れた商品￥8,000 を返品した。

【問2】 大阪商店（年1回12月末決算）の次の取引を売掛金元帳（愛知商店）に記入し，月末にこの補助簿を締切りなさい。

10/ 1 売掛金の前月繰越高は￥324,000（京都商店￥154,000，愛知商店￥170,000）である。

6 愛知商店に商品￥85,000 を掛けで販売した。

13 上記商品の一部が品質不良であったため￥7,000 の値引きをした。

19 京都商店に￥40,000，愛知商店に￥32,000 の商品を掛けで販売した。

26 愛知商店より売掛代金のうち￥126,000 を小切手にて回収した。

【問3】 仙台商店（年1回12月末決算）の次の取引を買掛金元帳（青森商店）に記入し，6月30日付けでこの補助簿を締切りなさい。

6月 1日 買掛金の前月繰越高は￥281,000（相馬商店￥143,000，青森商店￥138,000）である。

7日 相馬商店から商品￥80,000，または青森商店から商品￥110,000 をそれぞれ仕入れ，代金は掛けとした。

14日 青森商店から商品￥124,000 を仕入れ，代金は掛けとした。

15日 昨日青森商店から仕入れた商品のうち￥15,000 は，不良品であったため返品した。なお，代金は同店に対する買掛金から差引いた。

28日 相馬商店に対する買掛金のうち￥160,000，青森商店に対する買掛金のうち￥225,000 を，それぞれ小切手を振出して支払った。

第12章　その他の債権・債務の処理

学習の要点

1.【貸付金と借入金】

　　取引先などに対して借用証書によって金銭の貸し借りを行うことがあるが，この場合，「貸付金勘定（資産勘定）」と「借入金勘定（負債勘定）」でそれぞれ処理する。

2.【未収金と未払金】

　　備品の売却や購入など，本来の営業活動以外の取引から生じた一時的な債権や債務を未収金および未払金といい，「未収金勘定（資産勘定）」（「未収入金勘定」も同義）と「未払金勘定（負債勘定）」でそれぞれ処理する。

3.【前払金と前受金】

　　商品の売買契約を結ぶ場合，その商品の受渡しを行う前に売手と買手との間で商品代金の一部を受払いすることがある。このうち，買手が支払った手付金は「前払金勘定（資産勘定）」，売手が受取った手付金は「前受金勘定（負債勘定）」でそれぞれ処理する。

4.【立替金と預り金】

　　得意先や従業員に対して一時的に金銭を立替払いした場合には，「立替金勘定（資産勘定）」の借方に記入する。取引先や従業員などから一時的に現金などを預かった場合には，「預り金勘定（負債勘定）」の貸方に記入する。

　　また，従業員に対する立替金や預り金については，「従業員立替金勘定」や「従業員預り金勘定」を使用することもある。さらに，従業員の給料に課せられる源泉所得税や健康保険料などは，通常，企業側がまとめて税務署などへ納付するので，従業員に給料を支払う際にその分を差引いた金額を支給する。これらの預り金については，「所得税預り金勘定」や「社会保険料預り金勘定」などを設けて処理する。

5.【仮払金と仮受金】

　　現金の支払いや受入れはあったが，記入する勘定科目や金額が未確定のときに一時的に処理するための勘定が，「仮払金勘定（資産勘定）」と「仮受金勘定（負債勘定）」である。

6.【商品券と受取商品券】

　　商品券の発行により債務が生じた場合には，「商品券勘定（負債勘定）」の貸方に記入する。他店の商品券と商品が引換えられたときには，引渡した商品の金額を「受取商品券勘定（資産勘定）」の借方に記入し，後日，その金額を商品券の発行会社に請求して清算する。

【問1】 次の取引を仕訳しなさい。

(1) 吉祥寺商店は汐留商店に対して，現金￥500,000を貸付け，借用証書を受取った。

(2) 当社は銀行から現金￥50,000を1年後に返済する予定で借入れた。

(3) 帳簿価額が￥1,000,000の土地を￥800,000で売却し，代金は月末に受取る予定である。

(4) 備品￥100,000を購入したが，代金は全額月末に支払うこととした。

(5) 従業員の製品の購入代金￥42,000を現金で立替払いした。

(6) 従業員の給料総額￥1,600,000の支給に際して，所得税の源泉徴収分￥130,000と従業員への立替分￥80,000を差引き，手取金を現金で支給した。

(7) 先月分の従業員給料から差引いた所得税の源泉徴収税額￥130,000を税務署に現金で納付した。

(8) 従業員が出張より戻り，仮払額の精算を行い，残額￥1,300を現金で経理部に返却した。なお，同従業員には旅費の仮払額として￥30,000を現金で前渡ししてあった。

(9) 出張中の社員から￥90,000の当座振込みがあったが，その内容は現在のところ不明である。

(10) 商品￥53,000を売上げ，代金として￥60,000を商品券で受取り，釣銭は現金で支払った。

【問2】 当期中の受取利息に関連する諸勘定の記入は，次のとおりであった。各勘定に記入された取引を推定し，（イ）〜（ホ）には適切な勘定科目を，（a）〜（d）には適切な金額を記入しなさい。会計期間は，令和×8年4月1日から令和×9年3月31日までの1年間とする。

受 取 利 息					未 収 利 息			
3/31 損　　益	15,000	4/1 （イ）	（a）		3/31 （ハ）	3,000	3/31 次期繰越	3,000
		9/4 現　　金	（b）					
		3/31 （ロ）	（c）					
	15,000		15,000					

前 受 利 息					損 益			
4/1 （ニ）	2,000	4/1 前期繰越	2,000				3/31 （ホ）	（d）

【問3】 当期（令和×9年1月1日〜12月31日）の支払家賃に関連する勘定の記入は，次のとおりであった。各勘定に記入された取引を推定し，（イ）〜（ヘ）には下記の語群（①から⑥）の中から適切なものを選択し，その番号を記入するとともに，（a）〜（d）には適切な金額を記入しなさい。

①前払家賃	②損　　益	③前期繰越	④支払家賃	⑤次期繰越	⑥未払家賃

支 払 家 賃					前 払 家 賃			
9/30 当座預金	120,000	1/1 （イ）	（a）		12/31 （ハ）	40,000	12/31 （ニ）	40,000
		12/31 （ロ）	（b）					
		〃 損　益	（c）					
	120,000		120,000					

未 払 家 賃					損 益			
1/1 （ホ）	20,000	1/1 （ヘ）	20,000		12/31 支払家賃	（d）		

第13章　債権の貸倒れと貸倒引当金の処理

―――――――――――――――――― 学習の要点 ――――――――――――――――――

1.【貸倒れ】

　　売掛金や受取手形などの売上債権が，取引企業の倒産などの理由から全額またはその一部の金額が回収不能となること。売上債権が貸倒れとなった場合には，回収不能となったその貸倒額を売掛金や受取手形の残高から減額しなければならない。したがって，貸倒れた額を該当する売上債権の貸方に記入し，同額を「貸倒損失勘定（費用勘定）」の借方に記入する。

> （借）貸 倒 損 失　×××　　　（貸）売　　掛　　金　×××

2.【貸倒引当金】

　　次期以降に貸倒れると予想される額を当期の売上収益を獲得するための費用ととらえて処理する場合，貸倒予想額を「貸倒引当金勘定（負債勘定）」の貸方に記入するとともに，「貸倒引当金繰入勘定（費用勘定）」の借方に記入する。

(1)　貸倒引当金の要繰入額（例えば，¥2,500）が貸倒引当金残高（例えば，¥1,500）より大きい場合

> （借）貸 倒 引 当 金 繰 入　*1,000*　　（貸）貸 倒 引 当 金　*1,000*

(2)　貸倒引当金の要繰入額（例えば，¥2,500）が貸倒引当金残高（例えば，¥3,000）より小さい場合

> （借）貸 倒 引 当 金　*500*　　（貸）貸 倒 引 当 金 戻 入　*500*

3.【償却債権取立益勘定】

　　過年度に貸倒れとして処理を行った売上債権の一部または全部が，当期になって回収された場合には，その回収額を「償却債権取立益勘定（収益勘定）」の貸方に記入する。

> （借）現　　　　　金　×××　　　（貸）償却債権取立益　×××

【問1】 次の取引を仕訳しなさい。

(1) 取引先の長崎商店が倒産し，同店に対する売掛金残高¥45,000が貸倒れとなり，回収不能となった。なお，貸倒引当金の設定はしていなかった。

(2) 決算にあたり，期末売掛金残高¥730,000に対し，3%の貸倒引当金を設定する。なお，決算日時点における貸倒引当金残高はゼロである。

(3) 前期に計上した山形石油に対する売掛金¥3,200が貸倒れた。ただし，貸倒引当金残高は¥10,000である。

(4) 鹿児島商店が倒産し，同店に対する売掛金¥50,000を貸倒れとして処理した。なお，貸倒引当金の残高は¥60,000であった。

【問2】 次の取引を仕訳しなさい。

(1) 決算にあたり，期末売掛金残高¥630,000に対し，2%の貸倒引当金を差額補充法により計上する。ただし，貸倒引当金勘定の残高は¥10,000である。

(2) 決算にあたり，期末売掛金残高¥42,000に対し，3%の貸倒引当金を差額補充法により計上する。ただし，貸倒引当金勘定の残高は¥1,300である。

(3) 前期に生じた売掛金のうち，¥35,000が貸倒れとなった。なお，貸倒引当金の残高は¥28,000である。

(4) 前期に貸倒れ処理をした売掛金¥13,000のうち，¥5,000を現金で回収した。

(5) 鳥取リースが倒産したことにより，同店に対する売掛金¥30,000を貸倒れ処理した。なお，貸倒引当金の残高は¥20,000であった。

【問3】 次の一連の取引を仕訳しなさい。

＜13期＞

1月17日　高知商店へ商品¥240,000を販売し，代金は掛けとした。

3月31日　決算に際し，期末売掛金残高¥1,500,000に対し3%の貸倒れを差額補充法によって見積もり，貸倒引当金を計上した。なお，貸倒引当金の残高は¥15,000である。

＜14期＞

4月27日　高知商店が倒産し，同店に対する売掛金残高¥240,000のうち¥220,000は現金で回収することができたが，残高は貸倒れた。

6月11日　4月27日に貸倒れとして処理した高知商店に対する売掛金¥20,000のうち¥15,000を現金で回収した。

8月19日　前期に貸倒れとして処理した横浜商店に対する売掛金¥20,000が本日回収された。

第14章　手形取引の処理

```
┌─────────────────── 学習の要点 ───────────────────┐
```

1．【手形の種類】

　　約束手形と為替手形の２種類に区別されるが，経済産業省は 2026 年を目途に約束手形を廃止し，「営業外電子記録債権・債務」の利用を促進する方針を発表している。

約束手形：当事者２名で手形作成人である振出人が受取人に対して支払いを約束する証券。

為替手形：当事者が３名で手形の作成人である振出人が手形債権者である別の第三者（名宛人ないしは支払人）に受取人（手形債権者）に対する支払いを委託した証券。

2．【簿記上の処理】

　　手形は，受取った場合には「受取手形勘定」の借方へ，受取った手形が決済されたときには「受取手形勘定」の貸方へ記入し，手形を振出した場合には「支払手形勘定」の貸方へ，振出した手形の代金を支払った際には「支払手形勘定」の借方に記入する。

3．【手形の裏書譲渡】

　　受取手形を満期まで所持せずに第三者に譲渡する場合には，一般に「裏書き」という方法が用いられる。

4．【手形の割引】

　　約束手形や為替手形の所持人が，満期日以前に取引銀行などにその手形を裏書譲渡して現金化することを意味する。

5．【手形借入金と手形貸付金の記帳】

　　約束手形を振出して金銭を借入れた場合の債務は，「手形借入金勘定（負債勘定）」または「借入金勘定」の貸方に記入し，約束手形と引換えに金銭を貸付けたときには「手形貸付金勘定（資産勘定）」または「貸付金勘定」の借方に記入して処理する。

6．【受取手形記入帳と支払手形記入帳の記入】

　　手形は非常に流動性が高いので，手形債権と手形債務の内容を詳細に記入して十分な管理を行うために，補助記入帳として「受取手形記入帳」と「支払手形記入帳」を設けて記録を行う必要がある。

7．【自己宛為替手形と自己受為替手形の記帳】

・自己宛為替手形：振出人が自分を名宛人（支払人）とした為替手形を指し，遠隔地にある仕入先（指図人）に対する商品仕入れや買掛金支払いのために，自己の支店などを支払人として仕入先に手形を振出すときに用いる。

・自己受為替手形：振出人が自分を受取人（指図人）として指名する為替手形を指し，売掛金の回収などのために得意先を名宛人として引受けさせるときに用いる。

【問1】 次の取引を仕訳しなさい。
(1) 岩手商店は岐阜商店から商品¥65,000を仕入れ，代金は同額の約束手形を振出した。
(2) 岐阜商店が岩手商店から受取った約束手形¥65,000が，当座預金に振込まれた旨の通知を取引銀行から受けた。

【問2】 次の取引を仕訳しなさい。なお，仕訳不要の場合には「仕訳なし」と記入すること。
(1) 足立商店は葛飾商店から商品¥240,000を仕入れ，代金は得意先豊島商店宛の為替手形を振出し，豊島商店の了承を得て，葛飾商店に渡した。
(2) 葛飾商店は取引銀行から足立商店振出，豊島商店宛の為替手形¥240,000を取立て，当座預金に入金した旨の通知を受けた。

【問3】 次の取引を仕訳しなさい。
(1) 大宮商店は越谷商店から商品¥220,000を仕入れ，代金支払いのため同店振出，佐野商店受取の為替手形を呈示され，これを引受けた。
(2) 鹿児島商店から商品¥300,000を仕入れ，代金のうち¥100,000は注文時に支払った手付金と相殺し，¥150,000は福岡商店振出，当店受取の約束手形を裏書譲渡し，残りは月末に支払うことにした。
(3) 島根商店へ商品¥450,000を売上げ，代金のうち半額は当店振出，静岡商店受取，新潟商店宛の為替手形を裏書譲渡され，残りは月末に受取ることにした。なお，発送運賃（島根商店負担）¥13,000は小切手を振出して支払った。
(4) 松戸商店は，荒川商店に¥200,000を貸付け，同額の約束手形を受取った。なお，利息分¥11,000を差引き，残額は小切手を振出して引渡した。
(5) 熊谷商店へ商品¥700,000を売上げ，代金は注文時に受取った内金¥100,000を差引き，¥400,000を同店振出，当店宛の約束手形で受取り，残額を月末に受取ることにした。
(6) 上記の約束手形を銀行で割引き，割引料¥3,300を差引いた手取金を当座預金とした。
(7) A銀行から国債を担保として¥2,000,000を約束手形を振出して借入れた。なお，利息¥90,000を差引かれ，手取金を当座預金に預入れた。
(8) 奈良商店から売掛金の回収として，神戸商店振出，奈良商店宛約束手形¥130,000と，当店振出，岸和田商店宛の約束手形¥40,000を受取った。
(9) 長崎商店から商品¥300,000を仕入れ，代金のうち¥200,000については同店振出，沖縄商店受取の為替手形を呈示されたので，その支払いを引受け，残額は長崎商店宛の約束手形を振出して支払った。
(10) 日暮里商店へかねてより注文を受けていた商品¥800,000を売上げ，代金のうち¥150,000は注文時に受取った手付金と相殺し，¥400,000は上野商店振出，日暮里商店宛の約束手形を裏書譲渡され，残りは掛けとした。
(11) 白馬商店にかねてより注文しておいた商品¥600,000を引取り，注文時に支払った手付金¥50,000を差引き，残額は同店振出，当店宛の為替手形を呈示されたのでその支払いを引受けた。なお，引取りの際，運賃¥9,000を現金で支払った。

⑿　令和×6年3月1日に，B銀行から土地を担保として¥3,000,000を借入れ，その際，同額の約束手形を振出し，利息を差引かれた手取額が当座預金口座に振込まれた。なお，借入期間は6ヶ月で，利息は年7%である。

【問4】　次の受取手形記入帳の記録に基づき，解答用紙に指示された日付の仕訳を示しなさい。

受 取 手 形 記 入 帳

令和×7年		手形種類	手形番号	摘要	支払人	振出人または裏書人	振出日		満期日		支払場所	手形金額	てん末		
							月	日	月	日			月	日	摘要
7	2	約手	12	売掛金	金町商店	金町商店	7	2	8	2	A銀行	30,000	7	9	裏書譲渡
	15	為手	14	売掛金	湯沢商会	広島商会	7	15	10	15	B銀行	50,000	10	15	入金
	20	約手	18	売上	大宮商店	大宮商店	7	20	9	30	C銀行	120,000	8	31	割引

【問5】　次の支払手形記入帳の記録に基づき，解答用紙に指示された日付の仕訳を示しなさい。

支 払 手 形 記 入 帳

令和×7年		摘要	金額	手形種類	手形番号	受取人	振出人	振出日		満期日		支払場所	てん末		
								月	日	月	日		月	日	摘要
11	1	商品仕入	480,000	約手	15	愛媛商店	当店	11	1	2	1	A銀行	2	1	当座預金口座より支払
12	13	買掛金支払	193,000	約手	16	山梨商事	当店	12	13	2	12	B銀行			
1	8	商品仕入	442,000	約手	17	秋田商店	当店	1	8	2	27	C銀行			

【問6】　⑴次の帳簿の名称を（　）に記入し，⑵この帳簿に記入されている取引を仕訳しなさい。

（　　　　　　　　　　　　）

令和×6年		手形種類	手形番号	摘要	受取人	振出人	振出日		満期日		支払場所	手形金額	てん末		
							月	日	月	日			月	日	摘要
8	13	約手	19	仕入	高知商店	当店	8	13	10	13	埼玉銀行	300,000	10	13	当座預金口座より支払
9	5	為手	8	買掛金	宮城商店	青森商店	9	5	10	31	愛知銀行	400,000			

Memo

Memo

第15章　固定資産取引の処理

---------- 学習の要点 ----------

1.【固定資産】

　　通常，1年を超える期間使用または運用する資産のことであり，1年間は売却したり，破棄することはない。たとえば，建物，構築物，備品，土地など（本書では有形固定資産のみ扱う）。

2.【有形固定資産の記帳】

> 取得原価　＝　購入代価　＋　付随費用

3.【有形固定資産の減価償却】

　　決算日において，当期中の資産価値の減少額を計算し，当期の費用として計上するとともに，有形固定資産の各勘定の期末残高から価値の減少額を差引き，有形固定資産の価値額を修正しておく必要がある。

　　資産の価値が減少した部分を帳簿価額から減少させる手続を「減価償却」といい，その減少額を「減価償却費」という。

4.【減価償却の計算方法（定額法）】

　　取得原価から残存価額を控除した減価償却総額を耐用年数で割って得た値を毎期の減価償却費として用いる方法。

> 減価償却費＝取得原価－残存価額／耐用年数
> ↓
> 減価償却総額

5.【減価償却の記帳方法】

　　減価償却の記帳方法には，「直接控除法」と「間接控除法」の2通りの記帳方法がある。

6.【有形固定資産の売却処理】

　　有形固定資産を売却処分したときの売却価額と帳簿価額との差額は，固定資産売却損益として処理される。

　　売却価額が帳簿価額より高ければ，その差額は「固定資産売却益勘定（収益勘定）」で処理し，逆に売却価額が帳簿価額より低いときには，「固定資産売却損勘定（費用勘定）」で処理する。

【問1】　次の取引を仕訳しなさい。

(1)　4月1日に備品￥460,000を購入し，代金は月末に支払うことにした。なお，その際，引取運賃￥40,000は現金で支払った。

(2)　決算日（年1回）の3月31日に備品（取得原価：￥500,000，減価償却方法：定額法，耐用年数：5年，残存価額：取得原価の10%）の減価償却費を計上した。なお，直接控除法で記入すること。

(3)　上記(2)の仕訳を間接控除法で行いなさい。

(4)　翌月4月1日に上記の備品を￥350,000で売却し，現金で受取った（直接控除法）。

(5)　上記(4)の仕訳を間接控除法で行いなさい。

【問2】　次の取引を仕訳しなさい。

(1)　決算（年1回）にあたり，購入後4年度目となる備品（取得原価：￥200,000，耐用年数：8年，残存価額：取得原価の10%）について，減価償却（定額法，直接控除法）を行う。

(2)　備品（取得原価￥600,000，減価償却累計額￥270,000）を￥300,000で売却し，代金は月末に受取る約束をした。なお，間接控除法により処理すること。

(3)　営業用の建物￥500,000を購入し，小切手を振出して支払った。なお，不動産業者への手数料￥20,000と登記料￥10,000は現金で支払った。

(4)　令和×7年4月1日に，不明となった陳列棚（購入日：令和×5年4月1日，取得原価：￥250,000，減価償却方法：定額法，耐用年数：6年，残存価額：取得原価の10%，記帳方法：間接控除法，決算日：3月31日）を￥120,000で売却し，代金は月末に受取ることにした。

(5)　販売活動強化のため営業用自動車￥3,000,000を購入し，代金のうち￥1,000,000は小切手を振出して支払い，残額は月末に支払うこととした。その際，手数料￥120,000は現金で支払った。

(6)　令和×6年11月30日に，不用となった冷暖房機（購入日：令和×2年12月1日，取得原価：￥150,000，減価償却方法：定額法，耐用年数：5年，残存価額：取得原価の10%，記帳方法：間接控除法，決算日：年1回11月30日）を￥20,000で売却し，代金は先方振出しの小切手で受取った。なお，当期分の減価償却費の計上も合わせて記入すること。

(7)　1台当たり￥150,000の事務用パソコンを6台購入し，代金のうち￥200,000は現金で支払い，残額は来月末に支払うことにした。その際，引取運賃￥25,000を現金で支払った。

(8)　営業用の小型自動車（取得原価：￥1,200,000，残存価額：取得原価の10%，耐用年数：5年）を4年間使用し，すでに4期（決算：年1回）にわたって減価償却をしてきたが，この自動車を￥150,000で売却し，代金は月末に受取ることにした。ただし，減価償却の計算は定額法，記帳は間接控除法を用いている。

(9)　店舗拡張のため，土地100㎡を1㎡につき￥10,000で購入し，登記料￥34,000および仲介手数料￥50,000とともに，代金は小切手を振出して支払った。

(10)　備品（取得原価￥600,000，減価償却の累計額￥378,000）を￥160,000で売却し，代金は小切手で受取った。なお，減価償却は直接控除法により処理されているものとする。

(11)　家具卸売業を営む江戸川家具店は，販売用の机13台を@￥25,000で小金商店から購入し，代金は翌月払いとした。その際，引取運賃￥28,000は現金で支払った。

第16章　費用・収益の繰延べ

1. 【経過勘定】

　　収入と支出の生じる期間と収益と費用の認識される期間は，必ずしも一致しない。そこで，収入と支出の次期とは無関係に，適正な期間損益計算を目的として経過勘定が設けられる。経過勘定には，前払費用，前受収益，未収収益，および未払費用などの勘定科目が含まれる。経過勘定は，決算日において決算整理事項としてまとめて記帳処理される。

2. 【費用の繰延べ】

　　保険料などの費用には，すでに支払った金額の中に次期以降に属する前払分が含まれていることがある。その前払分は当期の費用とはならないことから，決算において費用の勘定から差引き，その部分を資産として次期へ繰延べなければならない。この手続きを「費用の繰延べ」といい，資産として次期に繰延べる前払分を「前払費用」という。

　　前払費用は次期の費用となるので，次期の最初の日付でもとの費用勘定に再度振替える。この手続きを「再振替」という。

(1) 決算日：保険料前払分¥5,000

（借）　前払保険料	5,000	（貸）　保　険　料	5,000

(2) 再振替時

（借）　保　険　料	5,000	（貸）　前払保険料	5,000

3. 【収益の繰延べ】

　　受取家賃などの収益には，受取った金額の中に次期以降に属する前受分が含まれていることがある。その前受分は当期の収益とはならないことから，決算において収益の勘定から差し引き，負債として次期へ繰延べなければならない。この手続きを「収益の繰延べ」といい，負債として次期に繰延べる前受分を「前受収益」という。

　　前受収益は次期の収益となるので，次期の最初の日付でもとの収益勘定に再度振替える。

(1) 決算日：家賃の前受分¥100,000

（借）　受取家賃	100,000	（貸）　前受家賃	100,000

(2) 再振替時

（借）　前受家賃	100,000	（貸）　受取家賃	100,000

4. 【消耗品の処理】

　　消耗品は，一定量をまとめて購入するために，その一部が期末に未使用のまま残ってしまうことがある。期中に使用された部分についてはその期間の費用として処理を行い，未使用のために期末に残っているものは次期に繰越されることになる。

【問1】 次の取引を仕訳しなさい。なお，決算日は令和×3年12月31日である。

(1) 令和×3年10月1日に向こう1年分の保険料¥6,000を現金で支払った。

(2) 決算日にあたり，保険料の前払分を次期に繰延べた。なお，保険料勘定の残高は損益勘定に振替えた。

(3) 令和×4年1月1日に，保険料の前払分を振戻した。

【問2】 次の取引を仕訳しなさい。なお，決算日は令和×7年3月31日である。

(1) 令和×6年6月1日に家賃¥720,000を向こう1年間分を小切手で受取った。

(2) 決算日にあたり，家賃の前受分を次期に繰延べた。なお，受取家賃勘定の残高は損益勘定に振替えた。

(3) 令和×7年4月1日に，家賃の前受分を振戻した。

【問3】 次の決算整理事項を仕訳しなさい。

(1) 借入金利息の前払分が¥1,000ある。

(2) 受取利息のうち¥2,000は次年度分である。

(3) 今年度に保険料6ヶ月分¥30,000を支払ったが，そのうち2ヶ月分は次年度の保険料である。

(4) 1年分の家賃¥1,200,000を今年度受取ったが，3ヶ月分が次年度の前受分である。

【問4】 消耗品の会計処理法として，次の(1)・(2)の2つの方法が考えられる。

(1) 購入時に消耗品費として計上し，期末に未使用分を資産として繰延べる方法

(2) 購入時には消耗品として計上し，期末に当期の使用分を消耗品費勘定へ振替える方法

　　期中に消耗品¥70,000を購入し，このうち期末に¥4,500の未使用分があることが判明した場合，(1)および(2)のそれぞれの方法により処理した場合の諸勘定への必要な記入を行いなさい。

　　なお，会計期間は1月1日から12月31日までの1年間とする。

第17章 費用・収益の見越し

─────────────── 学習の要点 ───────────────

1．【費用の見越し】

　　支払利息などの費用には，当期の費用として発生しているにもかかわらず，まだ支払っていない未払分のあるケースがある。この未払分については，決算において費用勘定に加えるとともに負債として計上する。この手続きを「費用の見越し」といい，負債として次期に繰越す未払分を「未払費用」という。

　　この未払費用は，次期の最初の日付でもとの費用勘定に再度振替える。

(1)　決算日：利息の未払分￥*10,000*

> 　　　　　（借）　支払利息　　*10,000*　　　（貸）　未払利息　　*10,000*

(2)　再振替時

> 　　　　　（借）　未払利息　　*10,000*　　　（貸）　支払利息　　*10,000*

2．【収益の見越し】

　　受取家賃などの収益には，当期の収益として発生しているにもかかわらず，まだ受取っていない未収分のあるケースがある。この未収分については，決算において収益の勘定に加えるとともに資産として計上する。この手続きを「収益の見越し」といい，資産として次期に繰越す未収分を「未収収益」という。

　　この未収収益は，次期の最初の日付でもとの収益勘定に再度振替える。

(1)　決算日：家賃の未収分￥*150,000*

> 　　　　　（借）　未収家賃　　*150,000*　　　（貸）　受取家賃　　*150,000*

(2)　再振替時

> 　　　　　（借）　受取家賃　　*150,000*　　　（貸）　未収家賃　　*150,000*

【問1】 次の一連の取引を仕訳しなさい。なお，決算日は令和×7年3月31日である。

(1) 12月1日　銀行から現金¥500,000を借入期間1年，年利率6%で借入れた。なお，利息は元金とともに返済期日に支払うことになっている。

(2) 3月31日　決算にあたり，利息の未払分を計上し，支払利息勘定の残高を損益勘定に振替えた。なお，当期分の利息は月割計算によること。

(3) 4月1日　期首につき，利息の未払分を支払利息勘定に振戻した。

(4) 11月30日　借入金¥500,000を利息とともに現金で支払った。

【問2】 次の一連の取引を仕訳しなさい。なお，決算日は令和×7年12月31日である。

(1) 7月1日に現金¥800,000を期間1年，年利率5%の条件で貸付けた。なお，利息は元金の返済時にまとめて受取ることにした。

(2) 決算にあたり，上記の利息の未収分を計上し，受取利息勘定の残高を損益勘定に振替えた。なお，当期分の利息は月割計算によること。

(3) 1月1日に利息の未収分を受取利息勘定に振戻した。

(4) 6月30日に貸付金¥800,000を利息とともに小切手で返済を受けた。

【問3】 次の決算整理事項を仕訳しなさい。

(1) 令和×6年6月1日に，借入期間1年，年利率3%の条件で現金¥100,000を借入れた。利息は返済時に支払う予定である。当期分の利息の計算は月割計算による。なお決算日は令和×6年12月31日である。

(2) 受取利息の未収額は¥2,500である。

(3) 支払家賃の未払額は¥10,000である。

(4) 有価証券利息の未収額は¥12,000である。

第18章　試算表の作成

学習の要点

1. 【試算表の作成プロセス】

　　試算表は，総勘定元帳の勘定記入が正しいかどうかという点を，貸借平均の原理を応用して確認するために作成する表である。試算表には，「合計試算表」「残高試算表」「合計残高試算表」という３つのタイプが存在するが，具体的な作成手順は次の通りである。

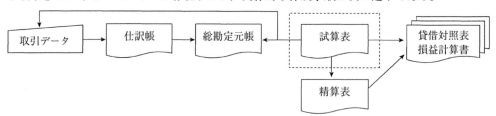

　　３つのタイプの試算表への記入は，次のように行う。

(1)　合計試算表の借方欄には各勘定口座の借方合計金額をそれぞれ合計し，貸方欄には各勘定口座の貸方合計金額をそれぞれ合計して，両者の金額が一致することを確かめてからその合計金額を記入する。

(2)　残高試算表の借方欄と貸方欄には，各勘定口座の残高を記入する。その際，各勘定の借方と貸方を比較して，借方金額が大きいときには試算表の借方欄に記入し，貸方金額が大きいときには貸方欄に記入する。合計試算表と同様に，借方欄の金額と貸方欄の金額をそれぞれ合計して，両者が一致することを確かめてからその合計額を記入する。

(3)　合計残高試算表は，合計試算表と残高試算表を１つにまとめて作成した表であり，上記の２つの試算表の作成プロセスに準じて作成する。

2. 【試算表の貸借合計額が不一致であった場合の調査法】

　　基本的に，勘定記入に誤りがなければ，試算表の借方と貸方の合計額は必ず一致する。もし，貸借合計額が一致しない場合には，次のような内容を調査することにより，不一致の原因を明らかにして誤りを訂正する。

(1)　総勘定元帳の各勘定の合計額または残高が正確に試算表に書き移されているかどうか確認する。

(2)　総勘定元帳の各勘定の合計額または残高の計算に誤りがないかどうか確認する。

(3)　仕訳帳から総勘定元帳に正確に転記が行われているかどうか確認する。

　　なお，次のような誤りがあった場合には，試算表の借方と貸方の合計額が一致するため，誤りを発見することができない点に注意すること。

(4)　総勘定元帳への転記もれがあった場合ないしは総勘定元帳に二重転記した場合（このケースは，残高試算表を作成する場合に該当し，合計試算表を作成する場合には，仕訳帳の合計額との照合により誤りを発見することができる）。

(5)　仕訳の借方と貸方を貸借反対に転記した場合。

(6)　誤った勘定に転記を行った場合。

(7)　仕訳帳への仕訳もれがあった場合ないしは仕訳帳に二重仕訳した場合。

【問1】 次の合計試算表（A）と諸取引（B）に基づいて，月末の合計残高試算表と売掛金および買掛金の各明細表を作成しなさい。ただし，仕入と売上はすべて掛けで行っている。

（A）令和×8年1月26日現在の合計試算表

合 計 試 算 表
令和×8年1月26日

借　方	勘 定 科 目	貸　方
502,000	現　　　　　　金	382,000
1,093,000	当　座　預　金	551,000
421,000	受　取　手　形	195,000
1,624,000	売　　掛　　金	1,223,000
87,000	繰　越　商　品	
120,000	備　　　　　品	
124,000	支　払　手　形	254,000
783,000	買　　掛　　金	1,002,000
40,000	未　　払　　金	98,000
42,000	預　　り　　金	42,000
30,000	借　　入　　金	300,000
	資　　本　　金	660,000
70,000	引　　出　　金	
15,000	売　　　　　上	1,430,000
903,000	仕　　　　　入	15,000
216,000	給　　　　　料	
33,000	発　　送　　費	
47,000	支　払　家　賃	
2,000	支　払　利　息	
6,152,000		6,152,000

（B）令和×8年1月27日から31日までの諸取引

27日　売上：浦和商店　¥25,000　　神戸商店　¥22,000

川崎商店に対する買掛金¥36,000を小切手を振出して支払った。

浦和商店に対する売掛金¥59,000が，当座預金口座に振込まれた。

小切手を振出して現金¥35,000を引出した。

28日　仕入：札幌商店　¥26,000　　清水商店　¥21,000

神戸商店に対する売掛金¥48,000を同店振出，当店宛の約束手形で受取った。

清水商店に買掛金¥45,000を支払うため，名古屋商店宛の為替手形を振出し，名古屋商店の引受けを得て渡した。

家計費として現金¥30,000を支出した。

29日　売上：浦和商店　¥50,000　　名古屋商店　¥34,000

札幌商店に対する買掛金¥31,000について，浦和商店振出，当店宛の約束手形を裏書譲渡した。

今月分の家賃¥15,000を小切手を振出して支払った。

川崎商店に対する買掛金¥25,000について，同店振出，同店受取，当店宛の為替手形を呈示

されたので，その引受けをした。

清水商店から 28 日に仕入れた商品に品違いがあったので，¥3,000 を返品した。

30日　仕入：札幌商店　¥12,000　川崎商店　¥14,000

取立てを依頼していた名古屋商店振出，当店宛の約束手形¥45,000 について，取立てが済み，当座預金口座に入金された。

今月分の給料¥54,000 を現金で支払った。

清水商店宛に振出した約束手形¥11,000 が支払期日になり，当座預金勘定から引落とされた。

31日　売上：神戸商店　¥32,000　名古屋商店　¥38,000

東京運送株式会社から今月分の売上商品に対する発送諸掛¥11,000 の請求書を受取った。ただし，支払日は 2 月 10 日である。

借入金のうち，¥30,000 をその利息¥1,200 とともに小切手を振出して支払った。

【問2】　柏商事の 7 月 31 日の残高試算表および次の 8 月中の取引に基づいて，(1)8 月中の取引高を各勘定に記入するとともに，(2)8 月 31 日現在の残高試算表を作成しなさい。

(注1) 7 月 31 日の残高の金額が空欄となっている勘定科目は，8 月中の取引により新たに発生したものである。

(注2) 同社は¥1,000,000 を限度として銀行と当座借越契約を結んでいる。

柏商事の 8 月中の取引：

1　商品の仕入に関する取引

　a．現金仕入高　¥40,000

　b．小切手の振出しによる仕入高　¥98,000

　c．掛仕入高　¥223,000

　d．約束手形の振出しによる仕入高　¥242,000

　e．約束手形の裏書譲渡による仕入高　¥303,000

　f．掛仕入にかかる戻し高　¥21,000

2　商品の売上に関する取引

　a．掛売上高　¥390,000

　b．得意先振出しの小切手の受取りによる売上高　¥228,000

　c．得意先振出しの約束手形の受取りによる売上高　¥294,000

　d．掛売上に係る戻り高　¥35,000

3　当座預金への預入れ（下記「7　その他の取引」に含まれるものを除く。）

　a．上記 2 - b．の取引により受取った小切手の預入れ　¥228,000

　b．売掛金の当座預金への振込み　¥385,000

　c．手形代金の当座預金への振込み　¥335,000

4　当座預金からの引落し（上記「1　商品の仕入に関する取引」に含まれるものを除く。）

　a．買掛金の支払い　¥281,000

　b．手形代金の支払い　¥304,000

　c．借入金の返済（利息¥25,000 を含む）　¥525,000

d．給料の支払い　¥130,000

e．備品購入代金の支払い　¥500,000

5　現金の受取り

（上記「2　商品の売上に関する取引」および下記「7　その他の取引」に含まれるものを除く。）

a．未収金の受取り　¥60,000

b．手数料の受取り　¥14,000

6　現金の支払い

（上記「1　商品の仕入に関する取引」および「3　当座預金への預入れ」に含まれるものを除く。）

a．家賃の支払い　¥30,000

b．交通費の支払い　¥19,000

c．通信費の支払い　¥23,000

d．水道光熱費の支払い　¥31,000

7　その他の取引

a．取得原価¥200,000の売買目的有価証券を¥170,000で売却し，売却代金は現金で受取った。

b．取得原価¥600,000，減価償却累計額¥360,000の備品を¥400,000で売却処分し，代金は9月末に受取ることにした。なお，当期首から売却時点までの減価償却費は無視する。

c．前期に発生した売掛金¥27,000が回収不能となり，貸倒れとして処理をした。

d．得意先より受取った約束手形¥500,000を銀行に売却し，手取額¥488,000を当座預金とした。

e．仮受金のうち¥38,000は売掛金の回収額であることが判明したので，振替処理をした。

【問3】　次の京都商会の〔資料Ⅰ：期首貸借対照表〕と〔資料Ⅱ：1月中の取引〕に基づいて，令和×9年1月31日の合計試算表を作成しなさい。

〔資料Ⅰ〕

期 首 貸 借 対 照 表
令和×9年1月1日

資　　産	金　　額	負 債 ・ 純 資 産	金　　額
現　　　　　　金	361,000	支　　払　　手　　形	506,000
当　座　預　金	488,000	買　　　掛　　　金	413,000
受　取　手　形	517,000	未　　払　　金	35,000
売　　掛　　金	549,000	前　　受　　金	10,000
売 買 目 的 有 価 証 券	180,000	貸　倒　引　当　金	30,000
商　　　　　品	365,000	建 物 減 価 償 却 累 計 額	1,296,000
未　　収　　金	30,000	備 品 減 価 償 却 累 計 額	315,000
前　　払　　金	15,000	資　　本　　金	2,400,000
建　　　　　物	1,800,000		
備　　　　　品	700,000		
	5,005,000		5,005,000

〔資料Ⅱ：1月中の取引〕

(1)現金出納帳

a．当座預金からの引出高 ¥320,000

b．前受金の受入高 ¥38,000

c．手付金の支払高 ¥18,000

d．旅費交通費の概算支出額 ¥47,000

　（旅費交通費の金額は未確定）

e．保険料の支払高 ¥8,000

f．通信費の支払高 ¥13,000

g．現金手許有高が帳簿残高を
　超過する額 ¥6,000

(2)当座預金出納帳

a．現金の引出高 ¥320,000

b．手形代金の取立高 ¥270,000

c．手形代金の支払高 ¥323,000

d．売掛金の回収高 ¥284,000

e．買掛金の支払高 ¥156,000

f．手形の割引高（純額のみの記録） ¥74,000

　（額面¥75,000の手形を割り引いた手取額）

g．借入金の振込高（純額のみの記録）

　（利息¥13,000差引後の手取額） ¥287,000

h．前期に購入した備品代金の支払高

　 ¥40,000

i．備品の売却代金 ¥90,000

　（取得原価¥200,000,

　　減価償却累計額¥162,000の売却代金）

j．従業員からの振込高（振込の名目は不明）

　 ¥62,000

k．給料の支払高 ¥162,000

　（源泉所得税¥12,000差引後の実際支給額）

l．固定資産税の支払高 ¥35,000

(3)仕入帳

a．掛による仕入高 ¥219,000

　このうち値引高 ¥14,000

b．約束手形振出しによる仕入高 ¥190,000

c．所持している為替手形の
　裏書譲渡による仕入高 ¥33,000

d．手付金による仕入高 ¥15,000

e．店主による自家消費高（原価） ¥7,000

(4)売上帳

a．掛による売上高 ¥371,000

　このうち戻り高 ¥50,000

b．約束手形受入による売上高 ¥340,000

c．為替手形の受入による売上高 ¥79,000

d．手付金による売上高 ¥12,000

(5)その他の取引

a．仕入先から振出あれた
　当店宛の為替手形の引受高 ¥140,000

b．買掛金支払いのため得意先宛の
　為替手形振出高（引受済） ¥100,000

c．売買目的有価証券（取得原価：¥76,000）
　売却代金の未収金 ¥84,000

d．得意先の倒産による売掛金の貸倒高
　（全額前期販売分） ¥101,000

e．当期に購入した備品代金の未払高

　 ¥250,000

 Memo

 Memo

第19章　決算と決算整理

━━━━━━━━━━━━━━━━━ 学習の要点 ━━━━━━━━━━━━━━━━━

1.【決算と決算手続】

　　決算とは，一会計期間が終了した時点において，会計期間の経営成績と期末の財政状態を明らかにするために，期末の総勘定元帳の記録を整理して各種の帳簿を締切り，損益計算書と貸借対照表を作成する手続きを意味する。

　　決算手続は，(1)決算予備手続（試算表の作成，棚卸資産表の作成と決算整理，精算表の作成）→ (2)決算本手続（総勘定元帳の締切り，繰越試算表の作成）→ (3)会計報告書の作成（貸借対照表，損益計算書等の作成），の3段階から成る。

2.【決算整理】

　　決算は総勘定元帳の各勘定残高に基づいて行われるが，簿記の日常手続きでは，会計期間に生じたすべての取引を網羅的かつ適切に記帳しているわけではない。そこで決算に際して，それらの各勘定の残高が正しい金額を示すように修正しておく必要がある。この決算時における修正手続きを「決算整理」といい，そのために必要となる仕訳を「決算整理仕訳」ないしは「決算修正仕訳」という。

　　期末の帳簿有高を修正・整理する必要があるものとして，下記の「決算整理事項」がある。ここでは下記の(1)～(8)を中心に説明する。

(1)　繰越商品の整理による売上原価の計算

(2)　債権に対する貸倒引当金の設定

(3)　有価証券の評価替え

(4)　固定資産の減価償却

(5)　現金過不足勘定の整理

(6)　引出金勘定の整理

(7)　費用・収益の繰延べと見越し

(8)　消耗品の処理

(9)　棚卸資産の期末評価

(10)　繰越資産の償却

(11)　法人税等の見積計上など

【問1】 新潟商店の期末（令和×6年3月31日）における決算整理前の各勘定口座と決算整理事項により，決算整理仕訳を示しなさい。

売 掛 金 2		繰 越 商 品 3
720,000		29,000

貸倒引当金 5
5,000

［決算整理事項］

(1) 期末商品棚卸高は¥41,000である。

(2) 売掛金の期末残高に対して3%の貸倒れを見積もる。貸倒引当金の計上は差額補充法によること。

【問2】 次の残高試算表と決算整理事項から，決算に必要な仕訳を行い，繰越試算表を作成しなさい。

残 高 試 算 表
令和×8年3月31日

借方	勘定科目	貸方
218,000	現 金	
708,000	当 座 預 金	
630,000	受 取 手 形	
339,000	売 買 目 的 有 価 証 券	
381,000	繰 越 商 品	
800,000	建 物	
1,900,000	土 地	
	支 払 手 形	1,108,000
	買 掛 金	715,000
	借 入 金	200,000
	貸 倒 引 当 金	5,000
	建 物 減 価 償 却 累 計 額	400,000
	資 本 金	2,000,000
	売 上	5,114,000
	受 取 配 当 金	180,000
3,171,000	仕 入	
1,504,000	給 料	
33,000	支 払 家 賃	
38,000	保 険 料	
9,722,000		9,722,000

［決算整理事項］

(1) 受取手形の期末残高に対して，2%の貸倒引当金を差額補充法により設定する。

(2) 建物について，残存価額を取得原価の10%，耐用年数を30年とする定額法によって減価償却を行う。

(3) 期末商品棚卸高は¥412,000である。

(4) 売買目的有価証券の期末時価は，¥330,000である。

(5) 支払家賃は1年分であり4ヶ月分が次期以降の分である。

(6) 保険料は5ヶ月分で1ヶ月分がまだ支払われていない。

(7) 現金の実際有高は，¥208,000である。

第20章　精算表の作成

1.【8桁精算表の作成手順】

　8桁精算表は，6桁精算表に決算整理を行うための「整理記入欄」ないしは「修正記入欄」を加えた精算表である。8桁精算表の作成手順は次のようになる。

⑴　総勘定元帳の各勘定残高を残高試算表欄に記入する。

⑵　決算整理仕訳を整理記入欄に記入して締切る。その際，勘定科目を追加する必要が生じたときには，その科目を勘定科目欄に新たに記入する。

⑶　各勘定科目について，残高試算表欄の金額と整理記入欄の金額が貸借同じ側の場合には金額をプラスし，反対側の場合にはマイナスして，その金額を資産，負債，純資産勘定の場合には貸借対照欄に記入し，収益，費用勘定の場合には損益計算書欄に記入する。

⑷　損益計算書欄および貸借対照表欄の借方と貸方の金額をそれぞれ合計し，差額を当期純利益または当期純損失として記入する。

⑸　損益計算書欄と貸借対照表欄の借方と貸方の金額をそれぞれ合計して締切る。

　8桁精算表は上記の手順で作成するが，損益計算書欄の当期純利益と貸借対照表欄の当期純利益は貸借逆で一致する（当期純損失の場合も同様）。

8桁精算表

勘定科目	残高試算表		整理記入		損益計算書		貸借対照表	
	借方	貸方	借方	貸方	借方	貸方	借方	貸方

2.【10桁精算表の作成手順】

　10桁精算表は8桁精算表に「修正後残高試算表欄」が加わった精算表である。10桁精算表の作成手順は，8桁精算表と基本的に同様であるが，異なる部分は，試算表欄の金額に修正記入欄を加味して修正後残高試算表欄に記入する点である。

10桁精算表

勘定科目	残高試算表		整理記入		修正後残高試算表		損益計算書		貸借対照表	
	借方	貸方	借方	貸方	借方	貸方	借方	貸方	借方	貸方

【問1】　次の期末修正事項およびその他の事項に基づいて，精算表を完成しなさい。会計期間は令和×7年4月1日から令和×8年3月31日までの1年間である。

(1)　期末商品棚卸高は¥130,000である。売上原価の計算は，「仕入」の行で行うこととする。

(2)　受取手形および売掛金の期末残高に対して，差額補充法により2%の貸倒引当金を設定する。

(3)　売買目的有価証券の期末評価額は¥79,000である。

(4)　建物および備品に対して定額法により減価償却を行う。

　　　　耐用年数：建物　30年　　備品　6年

　　　　残存価額：建物，備品ともに取得原価の10%

(5)　保険料は令和×7年10月1日に向こう1年分を支払ったものである。

(6)　支払家賃の前払額は¥4,000である。

(7)　受取利息の前受額は¥1,500である。

(8)　支払利息の未払額は¥5,000である。

(9)　仮払金のうち¥2,500は買掛金，残高は広告宣伝費の支払にかかわるものであることが判明した。

(10)　現金過不足は全額受取手数料の記入漏れであることが判明した。

【問2】　次の期末整理事項によって精算表を作成しなさい。ただし，会計期間は令和×7年4月1日から令和×8年3月31日までの1年とする。

(1)　商品の期末棚卸高は，¥62,000であった。なお，売上原価は，「仕入」の行で計算すること。

(2)　仮払金は，従業員の出張に際して旅費交通費の概算額を支払ったものである。決算日に従業員が出張から帰り，旅費交通費¥11,000との報告を受け，従業員が立て替えていた不足額は現金で支払った。

(3)　令和×8年3月31日に，顧客からの商品の注文を受け，手付金¥18,700が当座預金に振込まれていたが，その処理がなされていなかった。

(4)　受取手形および売掛金の期末残高に対して，2%の貸倒引当金を設定する（差額補充法）。

(5)　売買目的有価証券として，A社株式70株（取得原価@¥650）を保有している。決算時のA社株式の時価は@¥665であった。

(6)　備品および建物について，定額法により減価償却を行う（記帳方法は間接法による）。残存価額は，取得原価の10%とし，また，耐用年数は，備品が10年，建物が30年とする。なお，備品は令和×7年12月1日に購入したものであり，減価償却費は月割計算によって計上する。

(7)　家賃は，令和×8年2月1日に向こう6ヶ月分を一括して受取ったものであり，未経過分は繰延べる。

(8)　借入金の利息につき，未払分を見越し計上する。借入れの条件は，利率が年5%，利払日が各年8月末日，返済期日が令和×8年8月31日である。

(9)　消耗品の未消費高¥2,600を計上する。

【問3】 以下の期末整理事項等によって解答用紙の精算表を完成しなさい。

会計期間は令和×6年1月1日から令和×6年12月31日までの1年間である。

(1) 仮払金は、当期に備品を発注した際に購入代金の一部を頭金として支払ったものである。なお、この備品¥250,000は令和×6年10月1日に引渡しを受け、すでに使用を始めているが、代金の残高を来月末に支払うこととなっているため、未記帳となっている。

(2) 前受金は得意先山形商店から注文を受けた際に受取ったものであるが、決算直前に注文品を販売した時に、誤って全額掛けで販売したものとして処理していることが判明した。

(3) 受取手形および売掛金の期末残高に対して4%の貸倒れを見積る。貸倒引当金の設定は差額補充法による。

(4) 売買目的有価証券の時価は¥580,000である。

(5) 期末商品の棚卸高は¥285,000である。売上原価は「仕入」の行で計算すること。

(6) 建物および備品については定額法により減価償却を行う。

　　　　建　　物　　　耐用年数40年　　　残存価額：取得原価の10%
　　　　備　　品　　　耐用年数6年　　　残存価額：取得原価の10%

なお、当期に購入した備品についても、従来の備品と同様に定額法で減価償却を行うが、耐用年数は5年、残存価額は取得原価の10%で、月割計算による。

(7) 消耗品の期末未消費高は¥18,000である。

(8) 貸付金は令和×6年4月1日に得意先に対して貸付期間1年、年利率5%で貸付けたものであり、利息は元金とともに返済期日に受取ることになっている。当期分の利息の計算は月割計算による。

(9) 借入金は令和×6年8月1日に借入期間1年、年利率4%の条件で借入れたものであり、利息は借入時に全額差引かれている。当期分の利息の計算は月割計算による。

(10) 受取家賃は所有する建物の一部の賃貸によるもので、毎年同額を9月1日に12ヶ月分として受取っている。

【問4】 精算表の勘定科目欄（　）内に適切な科目を記入し、さらに各記入欄に必要な金額を記入して精算表を完成しなさい。

【問5】 精算表の空欄をうめ、精算表を完成しなさい。なお、決算整理前残高試算表における現金過不足は、決算日現在、原因不明であった。

 Memo

第21章　決算振替仕訳と総勘定元帳の締切り

─── 学習の要点 ───

1. 【決算振替仕訳】

　　決算にあたって各勘定を締切るために行われる仕訳のこと。

　(1)　収益と費用に属する諸勘定の損益勘定への振替え

　　　①収益に属する各勘定残高の損益勘定への振替え

　　　②費用に属する各勘定残高の損益勘定への振替え

　(2)　損益勘定残高の資本金勘定への振替え

2. 【総勘定元帳の締切り】

　　決算の最終的な目的は，財務諸表の作成にある。しかし，財務諸表は帳簿－とくに総勘定元帳から作成されるので，会計期間が終了した時点で次期に備えて帳簿を整理しておく必要がある。これを「帳簿の締切り」という。総勘定元帳の締切方法には「英米式」と「大陸式」の２つの処理方法がある。

3. 【英米式の締切方法】

　(1)　純損益を確定するために，総勘定元帳に損益勘定を設ける。

　(2)　損益勘定の貸方に収益の勘定残高を，借方に費用の勘定残高を振替えて純損益を計算する。

　(3)　損益勘定の貸借差額は純損益を示しているが，個人事業の場合は純損益を資本金勘定に振替える。

　(4)　ここまでの決算振替仕訳を整理すると，収益および費用の勘定と損益勘定はそれぞれ貸借が一致するので，貸借とも合計額を同じ行に記入して締切る。

　(5)　資産，負債，純資産に属する諸勘定を締切る。

　(6)　資産，負債，純資産の諸勘定は各勘定において残高を繰越記入するので，残高や締切りに誤りがないかどうか把握できない。これらを検証する目的から各勘定の残高を集計するために繰越試算表を作成する。

4. 【大陸式の締切方法】

　(1)　決算残高勘定を設けて，そこへ資産，負債，純資産に属する諸勘定の残高を振替え，貸借の合計額を一致させて総勘定元帳を締切る。

　(2)　上記(1)の処理が終了すると，資産，負債，純資産に属する各勘定の残高はゼロとなるので，各勘定を締切る。

　(3)　次期の最初の日付で開始仕訳を行い，これを転記して繰越高を記入する。

【問1】 春日部商店の当期の収益と費用に関する資料（勘定残高）は，次のとおりであった。この資料に基づき，次の(1)から(4)に答えなさい。なお，決算日は令和×5年3月31日である。

＜勘定残高＞

売　　上	¥1,000,000	仕　　入	¥340,000	給　　料	¥290,000
受取配当金	¥100,000	支払利息	¥210,000	水道光熱費	¥130,000

(1) 収益の各勘定残高を損益勘定に振替える仕訳を示しなさい。

(2) 費用の各勘定残高を損益勘定に振替える仕訳を示しなさい。

(3) 当期の純損益を資本金勘定に振替える仕訳を示しなさい。

(4) 上記(1)から(3)の仕訳を損益勘定と資本金勘定へそれぞれ転記しなさい。

【問2】 青森商店の期末（令和×7年3月31日）における総勘定元帳の勘定記録は次のとおりであった。次の(1)から(4)に答えなさい。

(1) 収益勘定と費用勘定を損益勘定に振替える仕訳を示しなさい。

(2) 各勘定を締切りなさい。

(3) 繰越試算表を作成しなさい。

(4) 貸借対照表と損益計算書を作成しなさい。

総　勘　定　元　帳

現　　金　　1		売　掛　金　　2		受取手形　　3	
528,000	308,000	341,000	283,000	298,000	127,000

繰越商品　　4		備　　品　　5		買　掛　金　　6	
60,000		50,000		192,000	234,000

支払手形　　7		資　本　金　　8		売　　上　　9	
115,000	251,000		300,000		315,000

受取手数料　　10		仕　　入　　11		給　　料　　12	
	22,000	151,000		40,000	

水道光熱費　　13		支払家賃　　14		雑　　損　　15	
20,000		30,000		15,000	

【問3】 次の決算仕訳に基づいて，解答用紙の空欄（　）の中に適当な金額を記入しなさい。ただし，期中には追加元入れも資本の引出しもなかった。なお，当期純損失は数字の前に△印を付しなさい。

	借方科目	金　　額	貸方科目	金　　額
(1)	資　本　金	50,000	損　　益	50,000
(2)	損　　益	110,000	資　本　金	110,000

【問4】 次の売上勘定および受取家賃勘定の決算整理後の記入状況に基づいて，(1)これらの収益の勘定から損益勘定へ振替える決算仕訳と，(2)損益勘定から資本金勘定へ振替える決算仕訳を示しなさい。なお，費用の勘定から損益勘定へ振替えられた金額の合計は，¥680,000 であった。

	売		上		
売　掛　金	30,000	売　掛　金	520,000
		現　　　金	100,000

	受　取　家　賃			
前　受　家　賃	12,000	現　　　金	65,000

【問5】 次の資本の増減に関する取引に基づいて，決算日の日付で行う，(1)引出金勘定から資本金勘定への振替仕訳と，(2)損益勘定から資本金勘定への振替仕訳を示しなさい。なお，当期は令和×6年4月1日から令和×7年3月31日までの1年であり，期首の資本金勘定の貸方残高は ¥1,534,000 であった。

5/3　店主個人の所得税 ¥58,000 を現金で支払った。

7/21　店主からの追加出資があり，現金 ¥230,000 と車両運搬具 ¥600,000 を受取った。

8/9　電話代 ¥30,000 を小切手で振出して支払った。このうち，¥9,300 は店主が個人的に使用した部分であった。

10/22　固定資産税 ¥100,000 を現金で支払った。このうち，30%は店主個人が使用した部分であった。

3/31　決算日につき，資本の引出額を引出金勘定から資本金勘定に振替える。また，当期純利益または純損失を損益勘定から資本金勘定へ振替える。なお，期末の資産総額と負債総額は，それぞれ ¥5,510,000 と ¥3,192,600 であった。

Memo

Memo

第22章　財務諸表の作成

1.【財務諸表 (financial statements)】

　　企業の経営活動を貨幣額で認識・測定し，その結果を定期的に報告するために作成される計算表のこと。貸借対照表と損益計算書がその中心的な役割を担う。

2.【貸借対照表】

　　貸借対照表は，一定時点（決算日）における財政状態，すなわち資産・負債・純資産の状態を表す計算書。

貸 借 対 照 表
令和○年○月○日

資　　産		金　　額	負債・純資産	金　　額
現　　　　金		600,000	買　　掛　　金	250,000
当 座 預 金		350,000	借　　入　　金	320,000
売　掛　金	200,000		未　払　家　賃	10,000
貸 倒 引 当 金	4,000	196,000	前　受　利　息	5,000
売買目的有価証券		300,000	資　　本　　金	500,000
商　　　　品		50,000	当 期 純 利 益	622,000
前 払 保 険 料		5,000		
未 収 利 息		6,000		
備　　　　品	250,000			
減 価 償 却 累 計 額	50,000	200,000		
		1,707,000		1,707,000

3.【損益計算書】

　　損益計算書は，一定期間（会計期間）における経営成績を表す計算書。

損 益 計 算 書
自令和○年○月○日　　　至令和○年○月○日

費　　用	金　　額	収　　益	金　　額
売 上 原 価	600,000	売　　上　　高	1,500,000
給　　　　料	350,000	受 取 利 息	20,000
保　　険　　料	200,000		
貸 倒 引 当 金 繰 入	6,000		
支 払 利 息	20,000		
有 価 証 券 評 価 損	15,000		
当 期 純 利 益	329,000		
	1,520,000		1,520,000

【問1】 次の決算整理後の残高試算表に基づいて，損益計算書と貸借対照表を完成しなさい。

残 高 試 算 表
令和×7年9月30日　　　（単位：円）

借　方	勘　定　科　目	貸　方
165,200	現　　　　　　　　金	
191,500	当　座　預　金	
220,000	受　取　手　形	
130,000	売　買　目　的　有　価　証　券	
75,000	繰　越　商　品	
150,000	備　　　　　　　　品	
	支　払　手　形	217,300
	借　　入　　金	300,000
	貸　倒　引　当　金	8,500
	備　品　減　価　償　却　累　計　額	81,000
	資　　本　　金	200,000
	売　　　　上	750,000
	受　取　利　息	1,800
440,000	仕　　　　　　　　入	
149,000	給　　　　　　　料	
7,500	支　払　家　賃	
6,750	減　価　償　却　費	
1,150	保　　険　　料	
2,500	貸　倒　引　当　金　繰　入	
1,200	支　払　利　息	
20,000	有　価　証　券　評　価　損	
	未　払　家　賃	1,500
200	未　収　利　息	
100	前　払　保　険　料	
1,560,100		1,560,100

【問2】 岩手商店第××期（令和×5年4月1日から令和×6年3月31日まで）の期末における決算整理後残高試算表は次のとおりである。決算整理後残高試算表および参考資料に基づき，損益計算書と貸借対照表を完成しなさい。なお，決算整理後残高試算表上の「？」の箇所は各自算出すること。

決算整理後残高試算表

令和×6年3月31日　　　　　（単位：円）

借　方	勘　定　科　目	貸　方
69,000	現　金　預　金	
87,000	受　取　手　形	
72,000	売　　掛　　金	
103,000	売 買 目 的 有 価 証 券	
85,000	繰　越　商　品	
1,200,000	建　　　　　物	
200,000	備　　　　　品	
2,100,000	土　　　　　地	
	支　払　手　形	105,000
	買　　掛　　金	112,000
	借　　入　　金	250,000
	貸　倒　引　当　金	？
	建 物 減 価 償 却 累 計 額	360,000
	備 品 減 価 償 却 累 計 額	90,000
	資　　本　　金	2,450,000
	売　　　　　上	？
	受　取　手　数　料	12,500
	受　取　配　当　金	7,000
？	仕　　　　　入	
381,000	販　　売　　費	
270,000	給　　　　　料	
21,000	保　　険　　料	
7,500	支　払　利　息	
	雑　　　　　益	600
？	減　価　償　却　費	
？	貸 倒 引 当 金 繰 入	
1,500	有 価 証 券 評 価 損	
3,000	前　払　保　険　料	
	前　払　手　数　料	3,400
	未　払　利　息	700
5,985,160		5,985,160

参考資料：

(1) 期首の商品棚卸高は¥79,000であり，当期の商品仕入高は¥1,320,000である。

(2) 貸倒引当金は差額補充法により，受取手形および売掛金のそれぞれの期末残高の4％を設定している。貸倒引当金の決算修正前の当期末残高は¥1,200であった。

【問3】 江戸川商店（年1回決算）の令和×5年3月期における決算整理前の残高試算表は，次のとおりである（資料Ⅰ）。決算に際して行われた決算仕訳（資料Ⅱ）に基づき，損益計算書および貸借対照表を完成させなさい。

（資料Ⅰ）

残 高 試 算 表
令和×5年3月31日

借 方	勘 定 科 目	貸 方
69,500	現　　　　　　　金	
157,000	当　座　預　金	
210,000	売　　掛　　金	
（　　　　）	繰　越　商　品	
250,000	建　　　　　物	
830,000	土　　　　　地	
	買　　掛　　金	149,400
	借　　入　　金	200,000
	貸　倒　引　当　金	5,600
	建物減価償却累計額	81,000
	資　　本　　金	1,200,000
	売　　　　　上	824,000
	受　取　手　数　料	50,000
525,000	仕　　　　　入	
（　　　　）	給　　　　　料	
11,300	消　耗　品　費	
1,200	保　　険　　料	
1,000	支　払　利　息	
2,510,000		2,510,000

（資料Ⅱ）決算仕訳

(1)　仕入勘定で売上原価の計算

　　（借）仕　　　　　入　245,000　　（貸）繰　越　商　品　245,000
　　（借）（　　　　　）　260,000　　（貸）（　　　　　）　260,000

(2)　貸倒引当金の設定（差額補充法による）

　　（借）（　　　　　）　2,800　　（貸）（　　　　　）　2,800

(3)　建物の減価償却費の計上

　　（借）（　　　　　）　9,000　　（貸）（　　　　　）　9,000

(4)　消耗品の未消費分の計上

　　（借）（　　　　　）　1,800　　（貸）（　　　　　）　1,800

(5)　保険料の未経過分の繰延べ

　　（借）（　　　　　）　400　　（貸）（　　　　　）　400

(6) 支払利息の未払分の見越し

(借)（　　　　　　　）　　　300　　　（貸)（　　　　　　　　）　　　300

(7) 収益および費用の諸勘定残高を損益勘定に振替え

(借) 売　　　　　上　824,000　　　(貸) 損　　　　　益（　　　　　　）

　　　（　　　　　）（　　　　　　）

(借) 損　　　　　益（　　　　　　）　　　(貸) 仕　　　　　入（　　　　　　）

　　　　　　　　　　　　　　　　　　　　　　給　　　　料　210,000

　　　　　　　　　　　　　　　　　　　　　　貸倒引当金繰入（　　　　　　）

　　　　　　　　　　　　　　　　　　　　　　減 価 償 却 費（　　　　　　）

　　　　　　　　　　　　　　　　　　　　　　消 耗 品 費（　　　　　　）

　　　　　　　　　　　　　　　　　　　　　　保　険　料（　　　　　　）

　　　　　　　　　　　　　　　　　　　　　　支 払 利 息（　　　　　　）

 Memo

 Memo

第23章　伝票会計

1.【伝票】

　　商品売買業では，商品の仕入・販売取引が頻繁に行われているので，これらの取引を各担当部門で分担することによって記帳の合理化を図る。その際，仕訳帳の代わりに取引内容を簡潔にまとめた「伝票」を用いて会計記録を作成する。この一連の簿記システムを「伝票会計」という。

2.【3伝票制】

　　「入金伝票」「出金伝票」「振替伝票」の3種類の伝票を用いて取引を記入する方法。

　⑴　入金伝票の記入方法

　　　入金取引はすべて借方科目が現金となるので，借方記入は省略して科目欄には貸方科目のみを記入する。貸方科目が複数ある場合は，1枚1科目となるように取引を分けて取引記録を作成する。

　⑵　出金伝票の記入方法

　　　出金取引はすべて貸方科目が現金となるので，出金伝票の貸方記入は省略して科目欄には借方科目のみを記入する。入金伝票と同様に借方科目が複数ある場合は，1枚1科目となるように分けて取引記録を作成する。

　⑶　振替伝票の記入方法

　　　振替伝票には原則として入金と出金に関係のない振替取引を記入する。振替伝票へは，貸借ともに1科目の場合には仕訳伝票と同様に借方科目と貸方科目の両方の勘定科目と金額を記入する。

3.【5伝票制】

　　入金，出金，仕入，売上の各取引については，「入金伝票」「出金伝票」「仕入伝票」「売上伝票」を起票し，それ以外の振替取引については「振替伝票」を利用する方法。入金・出金・振替伝票の記入方法は3伝票制の場合と同様なので，「仕入伝票」と「売上伝票」の記入方法を説明する。

　⑴　仕入伝票の記入方法

　　　仕入伝票には商品の仕入取引を記入するが，実際の支払条件とは関係なく，仕入は全て掛けで行われたと仮定していったん記入を行い，その掛代金を直ちに支払ったものとして出金伝票や振替伝票に記入する。この方法によると伝票の貸方勘定科目は全て買掛金となるので，この記入を省略することができる。

　⑵　売上伝票の記入方法

　　　売上伝票には商品の販売取引を記入するが，実際の支払条件とは関係なく，売上は全て掛けで行われたと仮定していったん記入を行い，その掛代金を直ちに回収したものとして入金伝票や振替伝票に記入する。この方法によると伝票の借方勘定科目は全て売掛金となるので，この記入を省略することができる。

【問1】 次の各取引について，解答用紙の伝票に記入しなさい。商品の売買取引は，三分法によって処理すること。

(1) 商品¥120,000を仕入れ，代金のうち¥70,000は現金で支払い，残高は翌月末に支払うこととした。

(2) 商品¥15,000を返品し，代金のうち¥5,000は小切手で受取り，残高は掛代金から控除した。

【問2】 出張していた社員が帰社し，換算払いで渡していた¥40,000の旅費交通費を精算し，残高¥6,000を返金した。この取引処理につき，入金伝票および振替伝票の金額が以下の①あるいは②のように記入される二通りの場合が考えられる。①あるいは②の方法がとられた場合，入金伝票および振替伝票のa～dに記入されるべき勘定科目名を記入しなさい。

①

入 金 伝 票	
(a)	6,000

振 替 伝 票			
借方科目	金　額	貸方科目	金　額
旅費交通費	34,000	仮 払 金	34,000

②

入 金 伝 票	
(b)	6,000

振 替 伝 票			
借方科目	金　額	貸方科目	金　額
c	40,000	d	40,000

【問3】 次の(1)と(2)はそれぞれある1つの取引について伝票を作成したものである。(1)と(2)の取引を推定し，仕訳しなさい。

(1)

振 替 伝 票			
仕　　入 700,000		買 掛 金 700,000	

出 金 伝 票	
買 掛 金 300,000	

(2)

振 替 伝 票			
受 取 手 形 730,000		売　　上 730,000	

入 金 伝 票	
売　　上 120,000	

【問4】 次の取引について下記の設問に答えなさい。ただし，（　）の中には人名勘定以外の勘定科目名を，□□□の中には金額を記入しなさい。

令和×7年2月1日　東京商店から商品¥40,000を仕入れ，代金のうち¥15,000は現金で支払い，残額は掛けとした。

(1) 入金伝票，出金伝票，振替伝票の3伝票制を採用している場合，出金伝票への記入を示しなさい。ただし，振替伝票には残額のみを記入する方法を採用している。

(2) 入金伝票，出金伝票，振替伝票，仕入伝票，売上伝票の5伝票制を採用している場合，仕入伝票と出金伝票への記入を示しなさい。

実力テスト　第1回

第1問 （20点）

次の各取引を仕訳しなさい。

⑴　鹿児島商店が倒産し，同店に対する売掛金¥165,000 を貸倒れとして処理した。なお，貸倒引当金勘定の残高は¥90,000 であった。

⑵　売買目的で株式25株を1株につき¥53,000 で購入し，代金は購入手数料¥23,000 を含めて月末に支払うことにした。

⑶　建物の固定資産税¥150,000 の納税通知書が送付されてきたので，小切手を振出して納付した。

⑷　宮崎商店に販売した商品の一部に品違いがあり，返品されてきた。この金額¥67,000 については同店に対する売掛金と相殺することとした。

⑸　箱根商店より商品¥275,000 を仕入れ，代金は小切手を振出して支払った。なお，取引銀行と当座借越契約（借入限度額¥1,500,000）を結んでおり，現在の当座預金残高は¥150,000 であった。

第2問 （12点）

12月中の買掛金に関する取引の記録は，次の買掛金勘定と買掛金元帳のとおりである。これらの記録から取引を推定し，（1）〜（12）の中に適切な金額を解答用紙に記入しなさい。

総勘定元帳

買　掛　金

12/11	仕　入	（1）	12/1 前月繰越	390,000
15	当座預金	400,000	9 仕　入	（4）
21	仕　入	（2）	18 〃	（5）
31	次月繰越	（3）		
		（6）		（6）

買掛金元帳

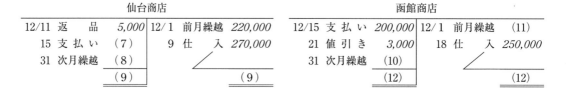

仙台商店				函館商店	
12/11 返　品 5,000	12/1 前月繰越 220,000		12/15 支払い 200,000	12/1 前月繰越 （11）	
15 支払い （7）	9 仕　入 270,000		21 値引き 3,000	18 仕　入 250,000	
31 次月繰越 （8）			31 次月繰越 （10）		
（9）	（9）		（12）	（12）	

第3問（30点）

　次の合計試算表（A）と諸取引（B）に基づいて，月末の合計残高試算表と売掛金および買掛金の明細表を作成しなさい。

（A）令和×7年1月25日現在の合計試算表

合 計 試 算 表

令和×7年1月25日

借　方	勘 定 科 目	貸　方
891,000	現　　　　　　金	523,000
1,271,000	当　座　預　金	668,700
632,000	受　取　手　形	385,000
1,847,000	売　　掛　　金	1,308,000
152,000	繰　越　商　品	
250,000	備　　　　　品	
159,000	支　払　手　形	411,000
760,000	買　　掛　　金	1,323,000
60,000	未　　払　　金	80,000
42,000	預　　り　　金	42,000
50,000	借　　入　　金	350,000
	資　　本　　金	880,000
30,000	売　　　　　上	1,712,000
1,142,000	仕　　　　　入	22,000
256,000	給　　　　　料	
60,000	水　道　光　熱　費	
100,200	支　払　家　賃	
2,500	支　払　利　息	
7,704,700		7,704,700

（B）令和×7年1月26日から31日までの諸取引

26日　土浦商店および厚木商店に商品をそれぞれ¥32,000および¥39,000売上げ，代金は掛けとした。

　　　愛知商店に対する売掛金¥59,000が，当座預金口座に振込まれた。

　　　取立てを依頼していた厚木商店振出し，当店宛の約束手形¥35,000について，取立てが済み，当座預金に入金された。

27日　休業日

28日　愛知商店に商品¥72,000を売上げ，代金は掛けとした。また，厚木商店に¥35,000を売上げ，代金は当座預金口座に振込まれた。

　　　土浦商店に26日に売上げた商品の一部に損傷があったので，¥2,000の値引をし，掛代金から控除した。

　　　千葉商店に買掛金¥62,000を支払うため，愛知商店宛の為替手形を振出し，愛知商店の引受

けを得て千葉商店に渡した。

29日　神戸商店から商品¥71,000を仕入れ，代金は掛けとした。また名古屋商店から商品¥42,000を仕入れ，代金のうち¥15,000は，愛知商店振出，当店宛の約束手形を裏書譲渡し，残額は掛けとした。

今月分の家賃¥10,000を小切手を振出して支払った。

横浜家具店に対する未払金¥15,000を小切手を振出して支払った。

30日　名古屋商店から商品¥50,000を仕入れ，代金は同店宛の約束手形を振出して支払った。

神戸商店から29日に仕入れた商品の品違いがあったので，¥3,000を返品し，掛代金から差引いた。土浦商店に対する売掛金¥30,000を回収し，同店振出，当店宛の約束手形で受取った。

今月分の給料¥55,000のうち所得税の源泉徴収分¥5,000を差引いた残額を現金で支払った。

31日　神戸商店宛に振出した約束手形¥35,000が支払期日になり，当座預金口座から引落とされた。

名古屋商店に対する買掛金¥28,000を当座預金から支払った。

電気代¥7,000が当座預金口座から引落とされた。このうち20%は店主個人の使用分であった。

当座預金口座から¥120,000を現金で引出した。

第4問（8点）

(1)　商品¥450,000を仕入れ，¥120,000を現金で支払い，残額を掛けとした取引につき，次のように出金伝票が作成されていた場合，振替伝票はどのように作成されるか。解答用紙の振替伝票に適切な勘定科目と金額を記入しなさい。

<table>
<tr><td colspan="2" align="center">出　金　伝　票
令和×7年3月9日</td></tr>
<tr><td align="center">科　　目</td><td align="center">金　　額</td></tr>
<tr><td align="center">買　掛　金</td><td align="center">120,000</td></tr>
</table>

(2)　出張していた社員が帰社し，旅費として概算払いしていた¥50,000のうち，残金¥3,000が入金された取引につき，次のような入金伝票が作成されていた場合，振替伝票はどのように作成されるか。解答用紙の振替伝票に適切な勘定科目と金額を記入しなさい。

<table>
<tr><td colspan="2" align="center">入　金　伝　票
令和×7年3月19日</td></tr>
<tr><td align="center">科　　目</td><td align="center">金　　額</td></tr>
<tr><td align="center">仮　払　金</td><td align="center">3,000</td></tr>
</table>

第5問 （30点）

　次の期末整理事項によって精算表を完成しなさい。会計期間は令和×5年1月1日から12月31日までの1年間である。

(1)　得意先から受入れた手形¥210,000の取立を取引銀行に依頼していたが，本日取立てられ，当座預金口座に預入れた旨の報告があった。

(2)　決算直前に得意先千住商店に販売した商品に汚損があったため値引きを承諾した。この金額¥18,000については同店に対する売掛金と相殺することとした。

(3)　受取手形および売掛金の期末残高に対して2%の貸倒を見積。引当金の設定は差額補充法による。

(4)　売買目的有価証券の時価は¥1,010,000である。

(5)　期末商品の棚卸高は¥715,000である。売上原価は「仕入」の行で計算すること。

(6)　建物および備品については定額法により減価償却を行う。

　　　　　建　物　　耐用年数40年　　　残存価額：取得原価の10%
　　　　　備　品　　耐用年数5年　　　　残存価額：取得原価の10%

　　なお，建物のうち¥400,000については，令和×5年10月1日に取得したもので，減価償却費は月割計算で行う。

(7)　借入金は，令和×5年10月1日に借入期間1年，年利率5%の条件で借入れたもので，利息は元金とともに返済時に支払うことになっている。

(8)　保険料のうち，¥88,000はかねてより所有している建物に対するもので，令和×5年4月1日に向こう1年分を，¥50,000は新建物に対するもので取得時に向こう1年分を，それぞれ支払っている。

(9)　消耗品の期末未消費高は¥16,000である。

(10)　受取家賃は，新建物取得時に建物の一部を賃貸した際に向こう半年分の家賃を受取ったものである。

実力テスト　第2回

第1問（20点）

次の各取引を仕訳しなさい。

(1) 従業員への給料総額¥2,200,000のうち所得税の源泉徴収分¥150,000と従業員への立替分¥130,000を差引き，手取金を現金で支給した。

(2) 倉庫を¥15,000,000で購入し，代金は小切手を振出して支払った。なお，登記料¥30,000と仲介手数料¥15,000は現金で支払った。

(3) 草津商店より商品¥800,000を仕入れ，代金のうち¥300,000は大宮商店振出，当店受取の約束手形を裏書譲渡し，残りはかねてから売掛金のある得意先大分商店宛の為替手形を同店の引受けを得て振出した。

(4) 商品¥52,300を売上げ，代金として¥55,000を商品券で受取り，釣銭は現金で支払った。

(5) 商品¥480,000を仕入れ，代金のうち¥200,000と引取運賃¥5,000を小切手で支払い，残額は掛けとした。

第2問（12点）

埼玉商店（年1回12月決算）の次の取引を解答用紙の売掛金元帳（福岡商店勘定）に記入し，月末にこの補助簿を締切りなさい。

5/1　売掛金の前月繰越高は¥370,000（札幌商店¥170,000，福岡商店¥200,000）である。

7　福岡商店より売掛代金のうち¥75,000を小切手で回収した。

11　札幌商店に商品¥50,000，福岡商店に¥110,000をそれぞれ掛けで販売した。

13　福岡商店に販売した上記の商品の一部に不良品があり，¥3,000の値引きに応じた。

19　茨城商店から商品¥110,000を仕入れ，代金は茨城商店受取，福岡商店宛の為替手形（引受済）を振出して支払った。

26　福岡商店に商品¥120,000を販売し，代金のうち¥50,000は小切手で受取り，残額は掛けとした。

第3問（30点）

次の資料に基づいて，令和×6年3月31日の残高試算表を作成しなさい。

[資料Ⅰ]

貸借対照表
令和×6年3月31日

資　産	金　額	負　債　・　純資産	金　額
現　金　預　金	594,000	支　払　手　形	695,000
受　取　手　形	650,000	買　掛　金	674,400
売　掛　金	630,000	借　入　金	600,000
商　　　品	480,000	前　受　金	12,000
前　払　金	125,000	未　払　金	45,000
未　収　金	14,000	貸　倒　引　当　金	19,600
建　　　物	600,000	建物減価償却累計額	162,000
備　　　品	450,000	備品減価償却累計額	155,000
土　　　地	1,000,000	資　本　金	2,180,000
	4,543,000		4,543,000

[資料Ⅱ] 令和×5年度中の取引

(a)	掛売上高	¥2,000,000
(b)	約束手形の受取りによる売上高	¥1,590,000
(c)	現金売上高	¥302,000
(d)	売上値引高（売掛金と相殺）	¥80,000
(e)	約束手形の振出しによる仕入高	¥160,000
(f)	掛仕入高	¥1,772,000
(g)	仕入戻し高（買掛金と相殺）	¥53,000
(h)	代金の前払いによる仕入高	¥30,000
(i)	約束手形の預金による取立高	¥1,830,000
(j)	売掛金の約束手形による回収高	¥659,000
(k)	売掛金の現金による回収高	¥125,000
(l)	売掛金の小切手による回収高	¥28,000
(m)	売掛金（前年度発生分）の貸倒高	¥17,000
(n)	買掛金の現金による支払高	¥71,000
(o)	約束手形の振出しによる買掛金決済高	¥76,000
(p)	支払手形の預金による決済高	¥797,000
(q)	買掛金決済のための約束手形裏書譲渡高	¥712,000
(r)	追加借入による現金受取高	¥430,000
(s)	未収金の小切手による回収高	¥14,000
(t)	備品（取得原価¥400,000，減価償却累計額¥144,000）の売却による現金受取高	¥180,000
(u)	備品購入高（支払いは令和×6年5月の予定）	¥200,000
(v)	利息の現金支払高	¥62,000
(w)	給料の現金支払高	¥1,150,000
(x)	その他営業費（広告宣伝費，旅費交通費，通信費等）の現金支払高	¥418,000

第4問 (5点)

以下の(1)および(2)の取引について，入金伝票，出金伝票および振替伝票を下記のように作成した場合，各伝票のa～eに記入されるべき勘定科目名を以下の勘定科目群の中から選択し，その番号を記入しなさい。

①買　掛　金	②仕　　　入	③前　払　金	④現　　　金	⑤旅費交通費
⑥仮　受　金	⑦売　掛　金	⑧未　払　金	⑨未　収　金	⑩仮　払　金

(1) 出張していた社員が帰社し，概算払いしていた¥50,000の旅費交通費を清算し，残金¥3,000を返金した。

振　替　伝　票				入　金　伝　票	
借方科目	金　額	貸方科目	金　額		
（　a　）	47,000	（　b　）	47,000	（　c　）	3,000

(2) 商品¥120,000を仕入れ，代金のうち¥50,000は前払金と相殺し，残額は現金で支払った。

振　替　伝　票				出　金　伝　票	
借方科目	金　額	貸方科目	金　額		
仕　　入	50,000	（　d　）	50,000	（　e　）	70,000

第5問 (33点)

次の期末整理事項等によって精算表を完成しなさい。会計期間は令和×5年4月1日から令和×6年3月31日までの1年間である。

(1) 得意先長崎商店から掛代金の支払いとして送金小切手¥95,000が送られてきたが，その処理がされていなかった。

(2) 得意先秋田商店が倒産し，同店に対する売掛金¥30,000が回収不能となったため，貸倒れとして処理する。

(3) 備品のうち，令和×3年4月1日に購入したコンピュータ3台（取得原価：@¥100,000, 耐用年数：4年，残存価額：取得原価の10%，定額法）が不適応化により使用不能となったため，売却先を探していたところ，本日買手が見つかり，合計¥70,000で売却することとなった。なお，売却代金は来月中に当社の当座預金口座に振込まれることとなっている。当期中の減価償却費の計上も行う。

(4) 受取手形および売掛金の期末残高に対して2%の貸倒れを見積る。引当金の設定は差額補充法による。

(5) 売買目的有価証券の時価は¥917,000である。

(6) 期末商品の棚卸高は¥119,000である。売上原価は「仕入」の行で計算すること。

(7) 建物および備品については定額法により減価償却を行う。

　　　　　建物　耐用年数25年　　　残存価額：取得原価の10%

　　　　　備品　耐用年数4年　　　残存価額：取得原価の10%

(8) 貸付金は，令和×6年1月1日に貸付期間6ヶ月，年利率4%の条件で貸付けたもので，利息は貸付時に全額差引いている。当期分の利息は月割計算による。

(9) 通信費は，かねてから利用しているインターネット接続業者に対する接続料金であり，毎年同額を10月1日に12ヶ月分支払っている。決算にあたり未経過分を繰延べる。

(10) 地代の未払分が¥71,000ある。

実力テスト　第3回

第1問 （20点）

次の各取引を仕訳しなさい。

(1) 出張中の社員から¥140,000の当座振込みがあったが，その内容は現在のところ不明である。

(2) 売買目的で前期から保有している習志野薬品株式会社の株式800株（取得原価：@¥1,100，前期末時価：@¥1,050，切放法を採用）を1株につき¥1,130で売却し，代金は当座預金に預入れた。

(3) 備品（取得原価¥300,000，減価償却累計額¥135,000）を¥120,000で売却し，代金は月末に受取る約束をした（間接控除法により処理をすること）。

(4) 奈良商店から売掛金の回収として，東京商店振出，奈良商店宛約束手形¥80,000と，当店振出，富山商店宛約束手形¥60,000を受取った。

(5) 決算（年1回）にあたり，購入後4年度目となる備品（取得原価¥450,000，耐用年数6年，残存価額取得原価の10％）について，減価償却（定額法，直接控除法）を行う。

第2問 （8点）

八王子商店は，記帳にあたって解答用紙に示した補助簿を用いている。次の取引は，どの補助簿に記入されるか，解答用紙の補助簿の番号に○印をつけなさい。

(イ) 横須賀商店に商品¥150,000を売渡し，代金のうち¥80,000は，国立商店振出，横須賀商店宛の約束手形を裏書譲渡され，残額は現金で受取った。

(ロ) 草加商店に対する買掛金¥220,000の支払いのため，かねて売掛金のある大阪商店宛の為替手形を振出し，大阪商店の引受けを得て草加商店に渡した。

(ハ) 宮城商店から商品¥90,000を仕入れ，代金のうち¥60,000は約束手形を振出して支払い，残額は掛けとした。

(ニ) 浅草商店に対する売掛金¥240,000を同店振出の小切手で受取った。

第3問 （32点）

次の〔資料Ⅰ〕と〔資料Ⅱ〕に基づいて，各設問に答えなさい。なお，10月1日現在の資産，負債および資本の諸勘定の残高は，試算表に示したとおりである。

(1) 解答用紙の試算表に，①10月中の取引について総勘定元帳の各勘定に転記した金額の合計を借方と貸方とに分けて示すとともに，②10月31日現在における借方と貸方のそれぞれの合計金額を示し，試算表を完成しなさい。

(2) 解答用紙における10月31日現在の売掛金および買掛金の人名勘定別の明細表を完成しなさい。

〔資料Ⅰ〕 補助記入帳の記入状況（なお，同一の取引が複数記入帳に記入されている場合があるので，注意すること）

現 金 出 納 帳

令和×8年		摘 要	収 入	支 出	残 高
10	1	前期繰越	63,000		63,000
	2	静岡商店から仕入		7,000	56,000
	6	家賃支払		2,500	53,500
	9	愛知商店へ売上	9,000		62,500
	11	石川商店から掛代金回収	10,000		72,500
	13	給料支払		7,100	65,400
	19	通信費支払		2,000	63,400
	26	当座預金から引出	70,000		133,400
	28	消耗品費支払		10,000	123,400

当 座 預 金 出 納 帳

令和×8年		摘 要	収 入	支 出	残 高
10	1	前期繰越	220,000		220,000
	8	受取手形の回収	18,000		238,000
	〃	備品の購入		50,000	188,000
	17	支払手形の決済		41,000	147,000
	26	現金の引出		70,000	77,000
	27	従業員から仮受	5,000		82,000
	30	地代の受取	11,000		93,000

売 上 帳

令和×8年		摘 要		金 額
10	5	石川商店	掛	23,000
	9	愛知商店	現金	9,000
	18	愛知商店	掛	58,000
	21	愛知商店	返品・掛	3,000
	23	石川商店	約手受取	30,000

仕 入 帳

令和×8年		摘 要		金 額
10	2	静岡商店	前払金	1,500
	〃	静岡商店	現金	7,000
	4	高知商店	約手振出	32,000
	14	静岡商店	掛	40,000
	15	静岡商店	値引・掛	1,600
	25	高知商店	掛	44,000

〔資料Ⅱ〕 補助記入帳に記入されない取引

10/ 1 前払家賃勘定の月初繰越額を支払家賃勘定に振替える。

　〃 未収地代勘定の月初繰越額を受取地代勘定に振替える。

　16 高知商店から当店を名宛人とする為替手形￥22,000の呈示があり，その支払いの引受けをした。

　31 静岡商店に対する買掛金￥24,000の支払のため，約束手形を振出した。

第4問（8点）

京都商店は，減価償却に関する記帳を直接控除法を採用しており，令和×3年度における同店の備品勘定の記入状況は，次のとおりであった。

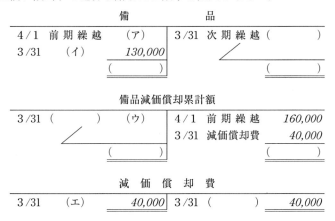

	備	品		
4/1 前期繰越	240,000	3/31	減価償却費	40,000
3/31 未払金	130,000	〃	次期繰越	330,000
	370,000			370,000

仮に減価償却に関する記帳を間接控除法で行った場合，各勘定の記入はどのようになるか。（ア）から（エ）までの空欄に該当する適切な語または数字を記入しなさい。

	備	品		
4/1 前期繰越	（ア）	3/31	次期繰越	（ ）
3/31 （イ）	130,000			
	（ ）			（ ）

備品減価償却累計額

3/31 （ ）	（ウ）	4/1	前期繰越	160,000
		3/31	減価償却費	40,000
	（ ）			（ ）

減 価 償 却 費

3/31 （エ）	40,000	3/31	（ ）	40,000

第5問（32点）

次の(1)残高試算表と(2)決算整理事項に基づいて，解答用紙の空欄に適当な語または金額を記入し，貸借対照表と損益計算書を完成しなさい。

(1)残高試算表

残 高 試 算 表
令和×7年3月31日

借　方	勘 定 科 目	貸　方
91,650	現　　　　　金	
1,800	現 金 過 不 足	
194,000	当 座 預 金	
71,000	受 取 手 形	
42,000	売 　掛　 金	
47,300	売買目的有価証券	
86,000	繰 越 商 品	
160,000	備　　　　　品	
150,000	土　　　　　地	
	支 払 手 形	29,800
	買 　掛　 金	50,150
	仮 　受　 金	2,500
	借 　入　 金	250,000
	貸 倒 引 当 金	1,200
	減価償却累計額	24,000
	資 　本　 金	340,000
	売　　　　　上	1,025,300
	受 取 地 代	5,000
738,000	仕　　　　　入	
75,000	給　　　　　料	
29,000	支 払 家 賃	
15,000	通 　信　 費	
7,200	消 耗 品 費	
20,000	保 　険　 料	
1,727,950		1,727,950

(2)決算整理事項

① 現金過不足の残高のうち，¥1,500 は通信費の未記帳分であることが判明したが，残額は決算日現在原因が不明であったので，雑損または雑益に振替える。

② 期末商品棚卸高は¥93,000 であった。

③ 仮受金¥2,500 は，得意先に対する掛代金を回収した際に記入したものであった。なお，受取手形および売掛金の期末残高に対して，それぞれ2%の貸倒引当金を差額補充法により設定する。

④ 売買目的有価証券の時価は，¥49,000 であった。

⑤ 備品について，残存価額を取得原価の10%，耐用年数を6年とする定額法によって減価償却を行う。

⑥ 家賃および保険料にそれぞれ¥1,500，¥5,000 の未経過分があった。

⑦ 地代に¥2,200 の前受分があった。

⑧ 借入金¥250,000 は，令和×6年12月1日に，利息年6%，期間6ヶ月の条件で借入れたものであり，決算にあたり利息の未払分を計上する。

簿記処理基本演習

【解　答】

【問1】

(1)	C	(2)	L	(3)	C	(4)	A	(5)	P
(6)	A	(7)	L	(8)	E	(9)	P	(10)	A
(11)	C	(12)	A	(13)	A	(14)	L	(15)	P
(16)	L	(17)	P	(18)	A	(19)	C	(20)	A

【問2】 (1)

貸 借 対 照 表

（日　向）商店　　　　　　　　　×（5）年（1）月（1）日

（資　産）	金　額	（負債・純資産）	金　額
現　　　　　金	410,000	借　入　金	250,000
備　　　　　品	530,000	資　本　金	※① 690,000
	940,000		940,000

※①　資産の合計額から負債（借入金）を差引いて計算する。

(2)

貸 借 対 照 表

（日　向）商店　　　　　　　　　×（5）年（12）月（31）日

（資　産）	金　額	（負債・純資産）	金　額
現　　　　　金	350,000	買　掛　金	310,000
売　掛　金	395,000	借　入　金	180,000
備　　　　　品	450,000	資　本　金	※② 690,000
		当　期　純　利　益	※③ 15,000
	1,195,000		1,195,000

※②　期首純資産を記入する。
※③　期末純資産から期首純資産を差引いて計算する。

【問3】

損 益 計 算 書

（南宮崎）商店　　　　×（4）年（1）月（1）日から×（4）年（12）月（31）日

（費　用）	金　額	（収　益）	金　額
仕　　　　　入	505,000	売　　　　　上	710,000
給　　　　　料	112,000	受　取　手　数　料	8,000
支　払　家　賃	45,000	受　取　配　当　金	7,000
水　道　光　熱　費	6,000		
当　期　純　利　益	※④ 57,000		
	725,000		725,000

※④　収益の合計から費用の合計を差引いて計算する。

【問4】

期首純資産	期末純資産	当期純損益
315,000	273,000	△42,000
85,000	117,000	32,000
203,000	152,000	△51,000
155,000	194,000	39,000

【問5】

期首純資産	期末純資産	当期収益	当期費用	当期純損益
450,000	496,000	233,000	187,000	46,000
579,000	657,000	339,000	261,000	78,000
162,000	114,000	241,000	289,000	△48,000
287,000	342,000	210,000	155,000	55,000
190,000	250,000	407,000	347,000	60,000

【問6】

期首純資産	期末資産	期末負債	期末純資産	当期純損益
210,000	440,000	255,000	185,000	△25,000
255,000	590,000	270,000	320,000	65,000
150,000	273,000	130,000	143,000	△7,000
255,000	487,000	197,000	290,000	35,000
150,000	345,000	157,000	188,000	38,000

第2章　会計データの処理のメカニズム

【問1】

(1)	○	(2)	×	(3)	○	(4)	×	(5)	○	(6)	×	(7)	○

【問2】

(1)	貸方	(2)	貸方	(3)	借方	(4)	貸方	(5)	借方

【問3】

	借方の要素	金　額	貸方の要素	金　額
7月1日	資産の増加	150,000	純資産の増加	15,000
5日	資産の増加	50,000	資産の減少	50,000
12日	資産の増加	20,000	負債の増加	20,000
17日	費用の発生	13,000	資産の減少	13,000
23日	資産の増加	18,000	収益の発生	18,000
26日	費用の発生	6,000	資産の減少	6,000
29日	負債の減少	10,000	資産の減少	10,000

【問4】

	借方の要素	金　額	貸方の要素	金　額
(1)	資産（現　金）の増加	45,000	負債（借　入　金）の増加	45,000
(2)	資産（車両運搬具）の増加	1,000,000	資産（現　金）の減少	1,000,000
(3)	費用（通　信　費）の発生	40,000	資産（現　金）の減少	40,000
(4)	費用（仕　入）の発生	100,000	負債（買　掛　金）の増加	100,000
(5)	資産（現　金）の増加	85,000	収益（売　上）の発生	85,000
(6)	負債（借　入　金）の減少	16,000	資産（現　金）の減少	16,000

第3章　仕訳と転記

【問1】

	借　方　科　目	金　額	貸　方　科　目	金　額
12月3日	建　　　物 車　両　運　搬　具	850,000 200,000	現　　　　　金	1,050,000
6日	貸　付　金	8,000	現　　　　　金	8,000
12日	買　掛　金	13,000	現　　　　　金	13,000
15日	現　　　金	45,000	売　掛　金	45,000
22日	借　入　金 支　払　利　息	30,000 3,000	現　　　　　金	33,000
25日	給　　　料	5,000	現　　　　　金	5,000
29日	現　　　金	2,500	受　取　手　数　料	2,500

【問2】

現 金			
5/1 資本金 *1,200,000*	5/2 仕 入 *290,000*		
12 売 上 *350,000*	4 貸付金 *130,000*		
18 受取手数料 *10,000*	24 給 料 *120,000*		
29 諸口 ※ *138,000*			

貸 付 金	
5/4 現 金 *130,000*	5/29 現 金 *130,000*

※ 貸方科目が複数ある場合には，相手勘定科目を「諸口」とする。

資 本 金	
	5/1 現 金 *1,200,000*

仕 入	
5/2 現 金 *290,000*	

給 料	
5/24 現 金 *120,000*	

売 上	
	5/12 現 金 *350,000*

受 取 利 息	
	5/29 現 金 *8,000*

受 取 手 数 料	
	5/18 現 金 *10,000*

【問3】

	借 方 科 目	金 額	貸 方 科 目	金 額
11月1日	現 金 建 物	*450,000* *1,200,000*	資 本 金	*1,650,000*
5日	現 金	*270,000*	借 入 金	*270,000*
13日	仕 入	*250,000*	現 金	*250,000*
18日	現 金	*300,000*	売 上	*300,000*
25日	水 道 光 熱 費 給 料	*20,000* *110,000*	現 金	*130,000*
29日	借 入 金 支 払 利 息	*270,000* *14,000*	現 金	*284,000*

現 金			
11/1 資本金 *450,000*	11/13 仕 入 *250,000*		
5 借入金 *270,000*	25 諸 口 *130,000*		
18 売 上 *300,000*	29 諸 口 *284,000*		

借 入 金	
11/29 現 金 *270,000*	11/5 現 金 *270,000*

建 物	
11/1 資本金 *1,200,000*	

資 本 金	
	11/1 諸 口 *1,650,000*

仕 入	
11/13 現 金 *250,000*	

売 上	
	11/18 現 金 *300,000*

水 道 光 熱 費	
11/25 現 金 *20,000*	

支 払 利 息	
11/29 現 金 *14,000*	

給 料	
11/25 現 金 *110,000*	

第4章　試算表の基本

【問1】

総 勘 定 元 帳

現　　金　　1

11/1	資本金	700,000	11/7	仕　入	50,000
4	借入金	35,000	13	貸付金	10,000
11	売　上	80,000	25	諸　口	13,000
15	受取手数料	9,000	29	諸　口	6,000

仕　　入　　7

11/7	現　金	50,000		

貸 付 金　　2

11/13	現　金	10,000	

給　　料　　8

11/25	現　金	11,000	

借 入 金　　3

	11/4	現　金	35,000

支 払 家 賃　　9

11/25	現　金	2,000	

資 本 金　　4

	11/1	現　金	700,000

広告宣伝費　　10

11/29	現　金	5,000	

売　　上　　5

	11/11	現　金	80,000

水道光熱費　　11

11/29	現　金	1,000	

受取手数料　　6

	11/15	現　金	9,000

合 計 試 算 表
令和×8年11月30日

借　　方	元丁	勘 定 科 目	貸　　方
824,000	1	現　　　　　金	79,000
10,000	2	貸　　付　　金	
	3	借　　入　　金	35,000
	4	資　　本　　金	700,000
	5	売　　　　　上	80,000
	6	受　取　手　数　料	9,000
50,000	7	仕　　　　　入	
11,000	8	給　　　　　料	
2,000	9	支　　払　　家　　賃	
5,000	10	広　告　宣　伝　費	
1,000	11	水　道　光　熱　費	
903,000			903,000

残 高 試 算 表

令和×6年12月31日

借方残高	元丁	勘 定 科 目	貸方残高
422,000	1	現　　　　　　　金	
323,000	2	売　　　掛　　　金	
8,500	3	貸　　　付　　　金	
	4	借　　　入　　　金	43,700
	5	資　　　本　　　金	700,000
	6	売　　　　　　　上	75,000
	7	受　　取　　利　　息	300
47,000	8	仕　　　　　　　入	
11,000	9	給　　　　　　　料	
1,500	10	支　　払　　家　　賃	
5,000	11	広　告　宣　伝　費	
1,000	12	水　道　光　熱　費	
819,000			819,000

【問3】

合 計 残 高 試 算 表

令和×6年3月31日

借　　方		元丁	勘 定 科 目	貸　　方	
残　　高	合　　計			合　　計	残　　高
1,107,000	2,132,000	1	現　　　　　　　金	1,025,000	
396,000	1,214,000	2	売　　　掛　　　金	818,000	
253,000	253,000	3	繰　　越　　商　　品		
	609,000	4	買　　　掛　　　金	1,235,000	626,000
	100,000	5	借　　　入　　　金	240,000	140,000
		6	資　　　本　　　金	800,000	800,000
	32,000	7	売　　　　　　　上	2,211,000	2,179,000
1,385,000	1,413,000	8	仕　　　　　　　入	28,000	
476,000	476,000	9	給　　　　　　　料		
105,000	105,000	10	水　道　光　熱　費		
5,000	5,000	11	支　　払　　利　　息		
18,000	18,000	12	雑　　　　　　　損		
3,745,000	6,357,000			6,357,000	3,745,000

第5章　精算表の基本

【問1】

6 桁 精 算 表
令和×5年3月31日

勘 定 科 目	元丁	残高試算表 借方	残高試算表 貸方	損益計算書 借方	損益計算書 貸方	貸借対照表 借方	貸借対照表 貸方
現　　　　　　金	1	480,000				480,000	
建　　　　　　物	2	550,000				550,000	
備　　　　　　品	3	100,000				100,000	
借　　入　　金	4		190,000				190,000
資　　本　　金	5		900,000				900,000
売　　　　　　上	6		320,000		320,000		
受　取　手　数　料	7		29,000		29,000		
仕　　　　　　入	8	250,000		250,000			
給　　　　　　料	9	24,000		24,000			
支　払　家　賃	10	28,000		28,000			
雑　　　　　　損	11	7,000		7,000			
		1,439,000	1,439,000				
当　期　純　（利　　益）				※ 40,000			※ 40,000
				349,000	349,000	1,130,000	1,130,000

※　実際の精算表においては当期純損益を朱記（赤字）する。

【問2】

6 桁 精 算 表
令和×7年3月31日

勘 定 科 目	元丁	残高試算表 借方	残高試算表 貸方	損益計算書 借方	損益計算書 貸方	貸借対照表 借方	貸借対照表 貸方
現　　　　　　金	1	372,000				372,000	
当　座　預　金	2	299,000				299,000	
受　取　手　形	3	323,000				323,000	
支　払　手　形	4		351,000				351,000
借　　入　　金	5		250,000				250,000
資　　本　　金	6		380,000				380,000
売　　　　　　上	7		544,000		544,000		
仕　　　　　　入	8	394,200		394,200			
給　　　　　　料	9	80,000		80,000			
支　払　家　賃	10	48,000		48,000			
支　払　利　息	11	7,500		7,500			
雑　　　　　　損	12	1,300		1,300			
		1,525,000	1,525,000				
当　期　純　（利　　益）				13,000			13,000
				544,000	544,000	994,000	994,000

【問1】

	借　方　科　目	金　　額	貸　方　科　目	金　　額
(1)	現　　　　　　金	250,000	売　　　　　　上	250,000
(2)	現　　　　　　金	5,000	受　取　配　当　金	5,000
(3)	現　　　　　　金	16,000	売　　掛　　金	16,000
(4)	現　　　　　　金	5,000	有　価　証　券　利　息	5,000

【問2】

現　金　出　納　帳

令和×5年		摘　　要	収　　入	支　　出	残　　高
7	1	前週繰越	438,000		438,000
	〃	商品の仕入れ		137,000	301,000
	2	売掛金の回収　小切手受取り	162,000		463,000
	3	当座預金へ預入れ		130,000	333,000
	4	家賃の支払い		50,000	283,000
	6	現金の不足額		3,000	280,000
	〃	次週繰越		280,000	
			600,000	600,000	
7	8	前週繰越	280,000		280,000

【問3】

	借　方　科　目	金　　額	貸　方　科　目	金　　額
(1)	現　金　過　不　足	12,000	現　　　　　　金	12,000
(2)	支　払　利　息 通　　信　　費	3,000 2,300	現　金　過　不　足	5,300
(3)	雑　　　　　損	6,700	現　金　過　不　足	6,700

【問4】

	借　方　科　目	金　　額	貸　方　科　目	金　　額
(1)	買　　掛　　金	24,000	当　座　預　金	24,000
(2)	仕　　　　　　入	300,000	現　　　　　　金 当　座　預　金	100,000 200,000
(3)	当　座　預　金	65,000	売　　掛　　金	65,000
(4)	現　　　　　　金	77,000	売　　　　　　上	77,000

※　小切手を振出した場合，その金額が当座預金口座から引き落とされるので当座預金勘定の貸方に記入する。
※　「小切手を受取った」→ 現金勘定の借方に記入する。
　　「小切手を受取り，直ちに当座預金とした」→　当座預金勘定の借方に記入する。
※　一勘定制による場合 →「(1) 買掛金　24,000　／　当　座　24,000」
　　　　　　　　　　　　　「(2) 仕　入　300,000　／　現　金　100,000
　　　　　　　　　　　　　　　　　　　　　　／　当　座　200,000」
　　　　　　　　　　　　　「(3) 当　座　65,000　／　売掛金　65,000」

【問5】

〈一勘定制による仕訳〉

	借 方 科 目	金 額	貸 方 科 目	金 額
(1)	仕 入	230,000	当 座	230,000
(2)	当 座	300,000	売 掛 金	300,000
(3)	買 掛 金	250,000	当 座	250,000

〈二勘定制による仕訳〉

	借 方 科 目	金 額	貸 方 科 目	金 額
(1)	仕 入	230,000	当 座 預 金 当 座 借 越	120,000 110,000
(2)	当 座 借 越 当 座 預 金	110,000 190,000	売 掛 金	300,000
(3)	買 掛 金	250,000	当 座 預 金 当 座 借 越	190,000 60,000

※ 一勘定制は，当座預金取引を「当座勘定」のみで処理する。
　　当座勘定と当座預金勘定を混同しないこと。
※ 二勘定制は，当座預金取引を「当座預金勘定（資産）」と「当座借越勘定（負債）」の2つの勘定を用いて処理する。取引銀行が1つであると仮定すれば，2つの勘定の残高が同時に生じることはない。

第7章　小口現金取引の処理

【問1】

	借 方 科 目	金 額	貸 方 科 目	金 額
7/1	小 口 現 金	50,000	当 座 預 金	50,000
7/11	仕 訳 な し			
7/31	交 通 費 通 信 費 水 道 光 熱 費	15,000 8,000 13,000	小 口 現 金	36,000
8/1	小 口 現 金	36,000	当 座 預 金	36,000

※ 7/11 会計係は用度係から支払の報告を受けていないので，仕訳は行わない。
　 7/31 用度係から支払の報告を受けているので，小口現金勘定の貸方に記入する。
　　　　（タクシー代 → 交通費　　電話料金 → 通信費　　電気代 → 光熱費）
　 8/1 支出額の合計（¥36,000）を補給すると同時に小口現金勘定の借方に記入する。
　　　　→ 小口現金勘定の借方残高は定額（¥50,000）に戻る。

【問2】

	借 方 科 目	金 額	貸 方 科 目	金 額
(1)	通 信 費 旅 費 交 通 費 雑 費	25,000 31,800 8,400	当 座 預 金	65,200
(2)	通 信 費 消 耗 品 費	46,000 22,000	当 座 預 金	68,000

【問3】

小 口 現 金 出 納 帳

受 入	令和×6年		摘 要	支 払	内 訳			
					消耗品費	交通費	通信費	雑 費
50,000	10	6	前 週 繰 越					
		〃	郵便切手・ハガキ代	7,800			7,800	
		7	バ ス 回 数 券 代	2,000		2,000		
		8	新 聞 代	3,500				3,500
		9	鉛筆・ボールペン代	1,200	1,200			
		10	お 茶・コ ー ヒ ー 代	1,000				1,000
		11	各 種 用 紙 代	5,800	5,800			
			合 計	21,300	7,000	2,000	7,800	4,500
21,300		〃	本 日 補 給					
		〃	次 週 繰 越	50,000				
71,300				71,300				
50,000	10	13	前 週 繰 越					

※ 内訳に注意すること。
郵便切手・ハガキ代…通信費　　　　　バス回数券代…交通費
新聞代／お茶・コーヒー代…雑費　　　鉛筆／ボールペン代…消耗品費

【問4】

小 口 現 金 出 納 帳

受 入	令和×5年		摘 要	支 払	内 訳			
					通信費	交通費	消耗品費	雑 費
3,270	2	10	前 週 繰 越					
11,730		〃	本 日 補 給					
		〃	文 房 具 代	1,270			1,270	
		11	タ ク シ ー 代	1,620		1,620		
		12	地 下 鉄 回 数 券	1,500		1,500		
		13	プリペイドカード代	1,000	1,000			
		14	計 算 機 代	3,200			3,200	
		〃	接 客 用 お 茶 代	3,000				3,000
			合 計	11,590	1,000	3,120	4,470	3,000
		〃	次 週 繰 越	3,410				
15,000				15,000				
3,410	2	17	前 週 繰 越					
11,590		〃	本 日 補 給					

【問1】

	借　方　科　目	金　額	貸　方　科　目	金　額
(1)	売買目的有価証券	1,716,000	未　　払　　金	1,716,000
(2)	現　　　　　金	1,252,000	売買目的有価証券 有価証券売却益	1,029,600 222,400
(3)	現　　　　　金	100,000	受　取　配　当　金	100,000
(4)	売買目的有価証券	1,940,000	現　　　　　金	1,940,000
(5)	当　座　預　金	50,000	有　価　証　券　利　息	50,000
(6)	売買目的有価証券	143,600	有　価　証　券　評　価　益	143,600

※　(2)は次の仕訳でもよい。

　　現　　　　金　1,252,000　／　売買目的有価証券　1,029,600
　　支払手数料　　　8,000　／　有価証券売却益　　230,400

※　有価証券購入時に要した手数料は，「取得原価」に含めること。

※　国債・社債などを購入した際の取得原価は，「額面金額×買入単価／@¥100」という算式で求める。

【問2】

	借　方　科　目	金　額	貸　方　科　目	金　額
(1)	当　座　預　金	1,380,000	売買目的有価証券 有価証券売却益	1,275,000 105,000
(2)	売買目的有価証券	4,868,000	当　座　預　金 当　座　借　越	4,500,000 368,000
(3)	売買目的有価証券	2,750,000	未　　払　　金	2,750,000
(4)	現　　　　　金 有価証券売却損	1,567,500 307,500	売買目的有価証券	1,875,000
(5)	有　価　証　券　評　価　損	160,000	売買目的有価証券	160,000
(6)	当　座　預　金	350,000	売買目的有価証券 有価証券売却益	300,000 50,000

※　(1)　有価証券売却益¥105,000は，次のように算出する。

　　有価証券の帳簿価額は，取得原価（@¥900）から前期末時価（@¥850）に評価替えされている。したがって，売却時の時価（@¥920）から現在の帳簿価額（前期末時価）を差し引いた額（@¥70）に今回売却した1,500株を掛けた値（¥105,000）が有価証券の売却益となる。

※　(4)は次の仕訳でもよい。

　　現　　　　金　1,567,500　／　売買目的有価証券　1,875,000
　　支　払　手　数　料　　7,500　／
　　有価証券売却損　300,000　／

【問1】

	借　方　科　目	金　　額	貸　方　科　目	金　　額
(1)	仕　　　　　　入	25,000	現　　　　　　金	25,000
(2)	現　　　　　　金	35,000	売　　　　　　上	35,000
(3)	仕　　　　　　入	45,000	当　座　預　金 現　　　　　　金	32,000 13,000
(4)	現　　　　　　金 当　座　預　金	25,500 25,500	売　　　　　　上	51,000

【問2】

	借　方　科　目	金　　額	貸　方　科　目	金　　額
11/5	仕　　　　　　入	35,000	買　　掛　　金	35,000
7	現　　　　　　金 売　　掛　　金	35,000 22,000	売　　　　　　上	57,000
12	仕　　　　　　入	60,000	現　　　　　　金 買　　掛　　金	18,000 42,000
18	現　　　　　　金	42,000	売　　掛　　金	42,000
24	買　　掛　　金	29,000	現　　　　　　金	29,000

【問3】

	借　方　科　目	金　　額	貸　方　科　目	金　　額
(1)	買　　掛　　金	10,000	仕　　　　　　入	10,000
(2)	売　　　　　　上	25,000	売　　掛　　金	25,000
(3)	売　　　　　　上	8,000	売　　掛　　金	8,000
(4)	買　　掛　　金	5,000	仕　　　　　　入	5,000

【問4】

	借 方 科 目	金 額	貸 方 科 目	金 額
(1)	仕　　　　　入	34,000	買　掛　　金	33,000
			現　　　　金	1,000
(2)	仕　　　　　入	120,000	買　掛　　金	120,000
	立　　替　　金	2,000	現　　　　金	2,000
(3)	売　掛　　金	90,000	売　　　　上	90,000
	発　送　　費	5,000	現　　　　金	5,000
(4)	現　　　　　金	30,000	売　　　　上	55,000
	売　掛　　金	26,000	現　　　　金	1,000

【問5】

仕　　入

総 仕 入 高	(2,180,000)	仕 入 値 引 高	(30,000)
3/31 (繰 越 商 品)	(90,000)	3/31 (繰 越 商 品)	(120,000)
		〃 (損　　　益)	(2,120,000)
	(2,270,000)		(2,270,000)

売　　上

売 上 戻 り 高	(40,000)	総 売 上 高	(2,500,000)
3/31 (損　　　益)	(2,460,000)		
	(2,500,000)		(2,500,000)

繰越商品

4/1 前 期 繰 越	(90,000)	3/31 (仕　　　入)	(90,000)
3/31 (仕　　　入)	(120,000)	〃 (次 期 繰 越)	(120,000)
	(210,000)		(210,000)
4/1 前 期 繰 越	(120,000)		

損　　益

3/31 (仕　　　入)	(2,120,000)	3/31 (売　　　上)	(2,460,000)

第10章　商品取引の帳簿記入

【問1】

仕　入　帳

令和×6年		摘　　　　　要		内　　訳	金　　額
3	1	幕張商店	掛		
		Ｔシャツ　　500 枚　　@￥2,000		1,000,000	
		Ｙシャツ　　300 枚　　@￥2,200		660,000	1,660,000
	9	**幕張商店**	**掛返品**		
		Ｙシャツ　　10 枚　　@￥2,200			22,000
	23	阿佐ヶ谷商店	掛		
		Ｔシャツ　　400 枚　　@￥1,800		720,000	
		Ｙシャツ　　350 枚　　@￥2,000		700,000	
		引取費用現金払い		5,000	1,425,000
	31		総仕入高		3,085,000
	〃		**仕入値引・戻し高**		22,000
			純仕入高		3,063,000

※　太字の部分は，朱記する。

【問2】

売　上　帳

令和×7年		摘　　　　　要		内　　訳	金　　額
11	6	埼玉商店	掛		
		ハンドバッグ　　80 個　　@￥20,000		1,600,000	
		ショルダーバッグ　　50 個　　@￥12,000		600,000	2,200,000
	13	**埼玉商店**	**掛・割引き**		
		ハンドバッグ　　80 個　　@￥　500			40,000
	28	福島商店	小切手		
		ハンドバッグ　　40 個　　@￥23,000			920,000
	30		総売上高		3,120,000
	〃		**売上値引・戻り高**		40,000
			純売上高		3,080,000

※　太字の部分は，朱記する。

【問3】

商 品 有 高 帳
（移動平均法）
電 卓

令和 ×6年		摘 要	受 入 高			払 出 高			残 高		
			数量	単価	金額	数量	単価	金額	数量	単価	金額
10	1	前月繰越	100	1,200	120,000				100	1,200	120,000
	8	仕　入	150	1,300	195,000				250	1,260	315,000
	13	売　上				130	1,260	163,800	120	1,260	151,200
	21	仕　入	120	1,400	168,000				240	1,330	319,200
	28	売　上				140	1,330	186,200	100	1,330	133,000

売上原価の計算

月初商品棚卸高	（	120,000）
当月商品仕入高	（	363,000）
合　　　　計	（	483,000）
月末商品棚卸高	（	133,000）
売　上　原　価	（	350,000）

売上総利益の計算

売　　上　　高	（	608,000）
売　上　原　価	（	350,000）
売　上　総利益	（	258,000）

【問4】

商 品 有 高 帳
（先入先出法）
電 卓

令和 ×8年		摘 要	受 入 高			払 出 高			残 高		
			数量	単価	金額	数量	単価	金額	数量	単価	金額
6	1	前月繰越	30	2,800	84,000				30	2,800	84,000
	3	仕　入	50	2,640	132,000				30	2,800	84,000
									50	2,640	132,000
	11	売　上				30	2,800	84,000			
						40	2,640	105,600	10	2,640	26,400
	20	仕　入	65	3,000	195,000				10	2,640	26,400
									65	3,000	195,000
	27	売　上				10	2,640	26,400			
						30	3,000	90,000	35	3,000	105,000

売上原価の計算

月初商品棚卸高	（	84,000）
当月商品仕入高	（	327,000）
合　　　　計	（	411,000）
月末商品棚卸高	（	105,000）
売　上　原　価	（	306,000）

売上総利益の計算

売　　上　　高	（	386,000）
売　上　原　価	（	306,000）
売　上　総利益	（	80,000）

商 品 有 高 帳

(移動平均法)　　　　　　　　　　　電　卓

令和×7年		摘　要	受　入　高			払　出　高			残　高		
			数量	単価	金額	数量	単価	金額	数量	単価	金額
6	1	前 月 繰 越	30	2,800	84,000				30	2,800	84,000
	3	仕　　入	50	2,640	132,000				80	2,700	216,000
	11	売　　上				70	2,700	189,000	10	2,700	27,000
	20	仕　　入	65	3,000	195,000				75	2,960	222,000
	27	売　　上				40	2,960	118,400	35	2,960	103,600

売上原価の計算

月初商品棚卸高	(	84,000)
当月商品仕入高	(	327,000)
合　　　　計	(	411,000)
月末商品棚卸高	(	103,600)
売　上　原　価	(	307,400)

売上総利益の計算

売　　上　　高	(	386,000)
売　上　原　価	(	307,400)
売　上　総　利　益	(	78,600)

【問5】

商 品 有 高 帳

(移動平均法)　　　　　　　　　　　パソコン

令和×7年		摘　要	受　入　高			払　出　高			残　高		
			数量	単価	金額	数量	単価	金額	数量	単価	金額
10	1	前 月 繰 越	10	60,000	600,000				10	60,000	600,000
	3	仕　　入	15	70,000	1,050,000				25	66,000	1,650,000
	10	売　　上				13	66,000	858,000	12	66,000	792,000
	19	仕　　入	10	77,000	770,000				22	71,000	1,562,000
	28	売　　上				18	71,000	1,278,000	4	71,000	284,000

売上原価の計算

月初商品棚卸高	(	600,000)
当月商品仕入高	(	1,820,000)
合　　　　計	(	2,420,000)
月末商品棚卸高	(	284,000)
売　上　原　価	(	2,136,000)

売上総利益の計算

売　　上　　高	(	2,870,000)
売　上　原　価	(	2,136,000)
売　上　総　利　益	(	734,000)

【問6】

商品有高帳
（先入先出法）　　　　　　　　　　ボールペン

令和×8年		摘要	受入高			払出高			残高		
			数量	単価	金額	数量	単価	金額	数量	単価	金額
3	1	前月繰越	40	75	3,000				40	75	3,000
	2	仕　入	100	50	5,000				40	75	3,000
									100	50	5,000
	9	売　上				40	75	3,000			
						50	50	2,500	50	50	2,500
	19	仕　入	130	70	9,100				50	50	2,500
									130	70	9,100
	20	仕入戻し				10	70	700	50	50	2,500
									120	70	8,400
	27	売　上				50	50	2,500			
						50	70	3,500	70	70	4,900

売上原価の計算			売上総利益の計算	
月初商品棚卸高	(3,000)		売　上　高	(18,500)
当月商品仕入高	(13,400)		売　上　原　価	(11,500)
合　　　計	(16,400)		売　上　総　利　益	(7,000)
月末商品棚卸高	(4,900)			
売　上　原　価	(11,500)			

第11章 **売掛金・買掛金の処理**

【問1】

	借方科目	金額	貸方科目	金額
(1)	売掛金	310,000	売上	310,000
(2)	現金	310,000	売掛金	310,000
(3)	売上	16,000	売掛金	16,000
(4)	仕入	290,000	買掛金	290,000
(5)	買掛金	290,000	現金	290,000
(6)	買掛金	8,000	仕入	8,000

【問2】

売　掛　金　元　帳
愛知商店

令和×8年		摘　　　要	借　　方	貸　　方	借または貸	残　　高
10	1	前　月　繰　越	170,000		借	170,000
	6	売　　　　　上	85,000		〃	255,000
	13	値　　　　　引		7,000	〃	248,000
	19	売　　　　　上	32,000		〃	280,000
	26	入　　　　　金		126,000	〃	154,000
	31	**次　月　繰　越**		**154,000**		
			287,000	287,000		
11	1	前　月　繰　越	154,000		借	154,000

【問3】

買　掛　金　元　帳
青森商店

令和×8年		摘　　　要	借　　方	貸　　方	借または貸	残　　高
6	1	前　月　繰　越		138,000	貸	138,000
	7	仕　　　　　入		110,000	〃	248,000
	14	仕　　　　　入		124,000	〃	372,000
	15	返　　　　　品	15,000		〃	357,000
	28	支　　　　　払	225,000		〃	132,000
	30	**次　月　繰　越**	**132,000**			
			372,000	372,000		
7	1	前　月　繰　越		132,000	貸	132,000

【問1】

	借 方 科 目	金 額	貸 方 科 目	金 額
(1)	貸 付 金	500,000	現 金	500,000
(2)	現 金	50,000	借 入 金	50,000
(3)	未 収 金 土 地 売 却 損	800,000 200,000	土 地	1,000,000
(4)	備 品	100,000	未 払 金	100,000
(5)	立 替 金	42,000	現 金	42,000
(6)	給 料	1,600,000	所 得 税 預 り 金 立 替 金 現 金	130,000 80,000 1,390,000
(7)	所 得 税 預 り 金	130,000	現 金	130,000
(8)	現 金 旅 費 交 通 費	1,300 28,700	仮 払 金	30,000
(9)	当 座 預 金	90,000	仮 受 金	90,000
(10)	受 取 商 品 券	60,000	売 上 現 金	53,000 7,000

【問2】

記号	勘 定 科 目	記号	金 額
(イ)	前 受 利 息	(a)	2,000
(ロ)	未 収 利 息	(b)	10,000
(ハ)	受 取 利 息	(c)	3,000
(ニ)	受 取 利 息	(d)	15,000
(ホ)	受 取 利 息		

【問3】

(イ)	(ロ)	(ハ)	(ニ)	(ホ)
⑥	①	④	⑤	④
(ヘ)	(a)	(b)	(c)	(d)
③	20,000	40,000	60,000	60,000

未払費用の処理には次の2種類があり，本問題では①の処理方法を前提としている。
① 翌期首に未払費用を振り替える。
② 支払ったときに直接，未払費用で処理する。

第13章　債権の貸倒れと貸倒引当金の処理

【問1】

	借 方 科 目	金 額	貸 方 科 目	金 額
(1)	貸 倒 損 失	45,000	売 掛 金	45,000
(2)	貸 倒 引 当 金 繰 入	21,900	貸 倒 引 当 金	21,900
(3)	貸 倒 引 当 金	3,200	売 掛 金	3,200
(4)	貸 倒 引 当 金	50,000	売 掛 金	50,000

【問2】

	借 方 科 目	金 額	貸 方 科 目	金 額
(1)	貸 倒 引 当 金 繰 入	2,600	貸 倒 引 当 金	2,600
(2)	貸 倒 引 当 金	40	貸 倒 引 当 金 戻 入	40
(3)	貸 倒 引 当 金 貸 倒 損 失	28,000 7,000	売 掛 金	35,000
(4)	現 金	5,000	償 却 債 権 取 立 益	5,000
(5)	貸 倒 引 当 金 貸 倒 損 失	20,000 10,000	売 掛 金	30,000

【問3】

		借 方 科 目	金 額	貸 方 科 目	金 額
第13期	1月17日	売 掛 金	240,000	売 上	240,000
	3月31日	貸 倒 引 当 金 繰 入	30,000	貸 倒 引 当 金	30,000
第14期	4月27日	現 金 貸 倒 引 当 金	220,000 20,000	売 掛 金	240,000
	6月11日	現 金	15,000	貸 倒 引 当 金	15,000
	8月19日	現 金	20,000	償 却 債 権 取 立 益	20,000

第14章　手形取引の処理

【問1】

〈岩手商店〉

	借 方 科 目	金 額	貸 方 科 目	金 額
(1)	仕 入	65,000	支 払 手 形	65,000
(2)	支 払 手 形	65,000	当 座 預 金	65,000

〈岐阜商店〉

	借 方 科 目	金 額	貸 方 科 目	金 額
(1)	受 取 手 形	65,000	売 上	65,000
(2)	当 座 預 金	65,000	受 取 手 形	65,000

【問2】

〈足立商店〉

	借 方 科 目	金 額	貸 方 科 目	金 額
(1)	仕　　　入	240,000	売　掛　金	240,000
(2)	仕訳なし			

〈葛飾商店〉

	借 方 科 目	金 額	貸 方 科 目	金 額
(1)	受　取　手　形	240,000	売　　　上	240,000
(2)	当　座　預　金	240,000	受　取　手　形	240,000

〈豊島商店〉

	借 方 科 目	金 額	貸 方 科 目	金 額
(1)	買　掛　金	240,000	支　払　手　形	240,000
(2)	支　払　手　形	240,000	当　座　預　金	240,000

【問3】

	借 方 科 目	金 額	貸 方 科 目	金 額
(1)	仕　　　入	220,000	支　払　手　形	220,000
(2)	仕　　　入	300,000	前　払　金 受　取　手　形 買　掛　金	100,000 150,000 50,000
(3)	受　取　手　形 売　掛　金	225,000 238,000	売　　　上 当　座　預　金	450,000 13,000
(4)	手　形　貸　付　金	200,000	当　座　預　金 受　取　利　息	189,000 11,000
(5)	前　受　金 受　取　手　形 売　掛　金	100,000 400,000 200,000	売　　　上	700,000
(6)	当　座　預　金 手　形　売　却　損	396,700 3,300	受　取　手　形	400,000
(7)	当　座　預　金 支　払　利　息	1,910,000 90,000	手　形　借　入　金	2,000,000
(8)	受　取　手　形 支　払　手　形	130,000 40,000	売　掛　金	170,000
(9)	仕　　　入	300,000	支　払　手　形	300,000
(10)	前　受　金 受　取　手　形 売　掛　金	150,000 400,000 250,000	売　　　上	800,000
(11)	仕　　　入	609,000	前　払　金 支　払　手　形 現　　　金	50,000 550,000 9,000
(12)	当　座　預　金 支　払　利　息	2,895,000 105,000	手　形　借　入　金	3,000,000

【問4】

日付	借方科目	金 額	貸方科目	金 額
7／2	受 取 手 形	30,000	（ 売 掛 金 ）	30,000
7／15	（ 受 取 手 形 ）	50,000	売 掛 金	50,000
7／20	受 取 手 形	120,000	（ 売 上 ）	120,000

日付	借方科目	金 額	貸方科目	金 額
7／9	買 掛 金	130,000	（ 受 取 手 形 ） 売 掛 金	30,000 100,000
8／31	（ 手 形 売 却 損 ） 当 座 預 金	2,000 118,000	受 取 手 形	120,000
10／15	当 座 預 金	50,000	受 取 手 形	50,000

【問5】

日 付	借方科目	金 額	貸方科目	金 額
12月13日	買 掛 金	193,000	支 払 手 形	193,000
1月8日	仕 入	442,000	支 払 手 形	442,000
2月1日	支 払 手 形	480,000	当 座 預 金	480,000

【問6】

(1) 支払手形記入帳

(2)

日 付		借方科目	金 額	貸方科目	金 額
8	13	仕 入	300,000	支 払 手 形	300,000
9	5	買 掛 金	400,000	支 払 手 形	400,000
10	13	支 払 手 形	300,000	当 座 預 金	300,000

第15章　固定資産取引の処理

【問1】

	借方科目	金 額	貸方科目	金 額
(1)	備 品	500,000	未 払 金 現 金	460,000 40,000
(2)	減 価 償 却 費	90,000	備 品	90,000
(3)	減 価 償 却 費	90,000	備品減価償却累計額	90,000
(4)	現 金 固 定 資 産 売 却 損	350,000 60,000	備 品	410,000
(5)	備品減価償却累計額 現 金 固 定 資 産 売 却 損	90,000 350,000 60,000	備 品	500,000

【問2】

	借方科目	金額	貸方科目	金額
(1)	減 価 償 却 費	22,500	備　　　　　品	22,500
(2)	備品減価償却累計額 未　収　金 固 定 資 産 売 却 損	270,000 300,000 30,000	備　　　　　品	600,000
(3)	建　　　　　物	530,000	当 座 預 金 現　　　　　金	500,000 30,000
(4)	備品減価償却累計額 未　収　金 固 定 資 産 売 却 損	75,000 120,000 55,000	備　　　　　品	250,000
(5)	車 両 運 搬 具	3,120,000	当 座 預 金 未　払　金 現　　　　　金	1,000,000 2,000,000 120,000
(6)	備品減価償却累計額 現　　　　　金 減 価 償 却 費 固 定 資 産 売 却 損	81,000 20,000 27,000 22,000	備　　　　　品	150,000
(7)	備　　　　　品	925,000	現　　　　　金 未　払　金	225,000 700,000
(8)	車両運搬具減価償却累計額 未　収　金 固 定 資 産 売 却 損	864,000 150,000 186,000	車 両 運 搬 具	1,200,000
(9)	土　　　　　地	1,084,000	当 座 預 金	1,084,000
(10)	現　　　　　金 固 定 資 産 売 却 損	160,000 62,000	備　　　　　品	222,000
(11)	備　　　　　品	353,000	未　払　金 現　　　　　金	325,000 28,000

第16章　費用・収益の繰延べ

【問1】

	借方科目	金額	貸方科目	金額
(1)	保　険　料	6,000	現　　　　　金	6,000
(2)	前 払 保 険 料 損　　　　　益	4,500 1,500	保　険　料	6,000
(3)	保　険　料	4,500	前 払 保 険 料	4,500

【問2】

	借 方 科 目	金 額	貸 方 科 目	金 額
(1)	現　　　　　金	720,000	受　取　家　賃	720,000
(2)	受　取　家　賃	120,000	前　受　家　賃	120,000
	受　取　家　賃	600,000	損　　　　　益	600,000
(3)	前　受　家　賃	120,000	受　取　家　賃	120,000

【問3】

	借 方 科 目	金 額	貸 方 科 目	金 額
(1)	前　払　利　息	1,000	支　払　利　息	1,000
(2)	受　取　利　息	2,000	前　受　利　息	2,000
(3)	前　払　保　険　料	10,000	保　　険　　料	10,000
(4)	受　取　家　賃	300,000	前　受　家　賃	300,000

【問4】

(1)の方法により処理した場合

消 耗 品 費

6/1 現　　　金	70,000	12/31 （消　耗　品）	（ 4,500 ）
		〃 （損　　益）	（ 65,500 ）
	70,000		70,000

消 耗 品

12/31 （消 耗 品 費）	（ 4,500 ）	12/31 （次 期 繰 越）	（ 4,500 ）

損 益

12/31 消 耗 品 費	（ 65,500 ）		

(2)の方法により処理した場合

消 耗 品

6/1 現　　　金	70,000	12/31 （消 耗 品 費）	（ 65,500 ）
		〃 （次 期 繰 越）	（ 4,500 ）
	70,000		70,000

消 耗 品 費

12/31 （消　耗　品）	（ 65,500 ）	12/31 （損　　益）	（ 65,500 ）

損 益

12/31 消 耗 品 費	（ 65,500 ）		

【問1】

	借　方　科　目	金　　額	貸　方　科　目	金　　額
(1)	現　　　　　金	500,000	借　　入　　金	500,000
(2)	支　払　利　息 損　　　　　益	10,000 10,000	未　払　利　息 支　払　利　息	10,000 10,000
(3)	未　払　利　息	10,000	支　払　利　息	10,000
(4)	借　　入　　金 支　払　利　息	500,000 30,000	現　　　　　金	530,000

【問2】

	借　方　科　目	金　　額	貸　方　科　目	金　　額
(1)	貸　　付　　金	800,000	現　　　　　金	800,000
(2)	未　収　利　息 受　取　利　息	20,000 20,000	受　取　利　息 損　　　　　益	20,000 20,000
(3)	受　取　利　息	20,000	未　収　利　息	20,000
(4)	現　　　　　金	840,000	貸　　付　　金 受　取　利　息	800,000 40,000

【問3】

	借　方　科　目	金　　額	貸　方　科　目	金　　額
(1)	支　払　利　息	1,750	未　払　利　息	1,750
(2)	未　収　利　息	2,500	受　取　利　息	2,500
(3)	支　払　家　賃	10,000	未　払　家　賃	10,000
(4)	未収有価証券利息	12,000	有　価　証　券　利　息	12,000

【問1】

合 計 残 高 試 算 表
令和×8年1月31日

借 方		勘 定 科 目	貸 方	
残 高	合 計		合 計	残 高
71,000	537,000	現　　　　　金	466,000	
517,800	1,197,000	当　座　預　金	679,200	
198,000	469,000	受　取　手　形	271,000	
450,000	1,825,000	売　　掛　　金	1,375,000	
87,000	87,000	繰　越　商　品		
120,000	120,000	備　　　　　品		
	135,000	支　払　手　形	279,000	144,000
	923,000	買　　掛　　金	1,075,000	152,000
	40,000	未　　払　　金	109,000	69,000
	42,000	預　　り　　金	42,000	
	60,000	借　　入　　金	300,000	240,000
		資　　本　　金	660,000	660,000
100,000	100,000	引　　出　　金		
	15,000	売　　　　　上	1,631,000	1,616,000
958,000	976,000	仕　　　　　入	18,000	
270,000	270,000	給　　　　　料		
44,000	44,000	発　　送　　費		
62,000	62,000	支　払　家　賃		
3,200	3,200	支　払　利　息		
2,881,000	6,905,200		6,905,200	2,881,000

売 掛 金 明 細 表				買 掛 金 明 細 表		
	1月26日	1月31日			1月26日	1月31日
浦 和 商 店	¥　150,000	¥　166,000		札 幌 商 店	¥　70,000	¥　77,000
神 戸 商 店	121,000	127,000		清 水 商 店	72,000	45,000
名古屋商店	130,000	157,000		川 崎 商 店	77,000	30,000
	¥　401,000	¥　450,000			¥　219,000	¥　152,000

[解説]

※試算表の問題は，仕訳を日付順に1つ1つ記入して確認しながら解くことが好ましい。ある程度理解できた場合には，T勘定に直接仕訳を行うという解き方でも構わない。なお，本問では解答として仕訳と総勘定元帳をT勘定の両方を記載しているが，本問以外の問題では，仕訳を例示していない。

27日の仕訳
(売掛金・浦和)	25,000	(売 上)	25,000
(売掛金・神戸)	22,000	(売 上)	22,000
(買掛金・川崎)	36,000	(当座預金)	36,000
(当座預金)	59,000	(売掛金・浦和)	59,000
(現 金)	35,000	(当座預金)	35,000

28日の仕訳
(仕 入)	26,000	(買掛金・札幌)	26,000
(仕 入)	21,000	(買掛金・清水)	21,000
(受取手形)	48,000	(売掛金・神戸)	48,000
(買掛金・清水)	45,000	(売掛金・名古屋)	45,000
(引出金)	30,000	(現 金)	30,000

29日の仕訳
(売掛金・浦和)	50,000	(売 上)	50,000
(売掛金・名古屋)	34,000	(売 上)	34,000
(買掛金・札幌)	31,000	(受取手形)	31,000

(支払家賃)	15,000	(当座預金)	15,000
(買掛金・川崎)	25,000	(支払手形)	25,000
(買掛金・清水)	3,000	(仕 入)	3,000

30日の仕訳
(仕 入)	12,000	(買掛金・札幌)	12,000
(仕 入)	14,000	(買掛金・川崎)	14,000
(当座預金)	45,000	(受取手形)	45,000
(給 料)	54,000	(現 金)	54,000
(支払手形)	11,000	(当座預金)	11,000

31日の仕訳
(売掛金・神戸)	32,000	(売 上)	32,000
(売掛金・名古屋)	38,000	(売 上)	38,000
(発送費)	11,000	(未払金)	11,000
(借入金)	30,000	(当座預金)	31,200
(支払利息)	1,200		

売 上

15,000			1,430,000
		27日	25,000
		〃	22,000
		29日	50,000
		〃	34,000
		31日	32,000
		〃	38,000

売 掛 金

1,624,000			1,223,000
27日	25,000	27日	59,000
〃	22,000	28日	48,000
29日	50,000	〃	45,000
〃	34,000		
31日	32,000		
〃	38,000		

受 取 手 形

421,000			195,000
28日	48,000	29日	31,000
		30日	45,000

浦和商店

150,000		27日	59,000
27日	25,000		
29日	50,000		

神戸商店

121,000		28日	48,000
27日	22,000		
31日	32,000		

名古屋商店

130,000		28日	45,000
29日	34,000		
31日	38,000		

仕 入

903,000			15,000
28日	26,000	30日	3,000
〃	21,000		
30日	12,000		
〃	14,000		

買 掛 金

783,000			1,002,000
27日	36,000	28日	26,000
28日	45,000	〃	21,000
29日	31,000	30日	12,000
〃	25,000	〃	14,000
〃	3,000		

支 払 手 形

124,000			254,000
30日	11,000	29日	25,000

札幌商店

29日	31,000		70,000
		28日	26,000
		30日	12,000

清水商店

			72,000
28日	45,000	28日	21,000
29日	3,000		

川崎商店

			77,000
27日	36,000	30日	14,000
29日	25,000		

104

当座預金 / 現 金

当 座 預 金				現 金			
	1,093,000		551,000		502,000		382,000
27日	59,000	27日	36,000	27日	35,000	28日	30,000
30日	45,000	〃	35,000			30日	54,000
		29日	15,000				
		30日	11,000				
		31日	31,200				

【問2】

残 高 試 算 表

(2) 8月31日の 残　高	(1) 8月中の 取　引	7月31日の 残　高	勘 定 科 目	7月31日の 残　高	(1) 8月中の 取　引	(2) 8月31日の 残　高
276,000	472,000	175,000	現　　　　　金		371,000	
	1,436,000	196,000	当　　　　　座		1,838,000	206,000
76,000	294,000	920,000	受　取　手　形		1,138,000	
187,000	390,000	282,000	売　　掛　　金		485,000	
230,000		430,000	売買目的有価証券		200,000	
470,000	400,000	130,000	未　　収　　金		60,000	
77,000		77,000	繰　越　商　品			
1,400,000	500,000	1,500,000	備　　　　　品		600,000	
	304,000		支　払　手　形	480,000	242,000	418,000
	302,000		買　　掛　　金	329,000	223,000	250,000
	38,000		仮　　受　　金	78,000		40,000
	500,000		借　　入　　金	1,000,000		500,000
	27,000		貸　倒　引　当　金	36,000		9,000
	360,000		備品減価償却累計額	675,000		315,000
			資　　本　　金	800,000		800,000
	35,000		売　　　　　上	2,844,000	912,000	3,721,000
			受　取　手　数　料	8,000	14,000	22,000
2,717,000	906,000	1,832,000	仕　　　　　入		21,000	
360,000	130,000	230,000	給　　　　　料			
180,000	30,000	150,000	支　払　家　賃			
87,000	19,000	68,000	交　　通　　費			
124,000	23,000	101,000	通　　信　　費			
170,000	31,000	139,000	水　道　光　熱　費			
45,000	25,000	20,000	支　払　利　息			
30,000	30,000		有価証券売却損			
12,000	12,000		手　形　売　却　損			
			固　定　資　産　売　却　益		160,000	160,000
6,441,000	6,264,000	6,250,000		6,250,000	6,264,000	6,441,000

[解説]（主な勘定のみ記載）

	現　　金		
2. b	228,000	1. a	40,000
5. a	60,000	3. a	228,000
5. b	14,000	6. a	30,000
7. a	170,000	6. b	19,000
		6. c	23,000
		6. d	31,000

	当　　座		
3. a	228,000	1. b	98,000
3. b	385,000	4. a	281,000
3. c	335,000	4. b	304,000
7. d	488,000	4. c	525,000
		4. d	130,000
		4. e	500,000

	売　掛　金		
2. a	390,000	2. d	35,000
		3. b	385,000
		7. c	27,000
		7. e	38,000

	受取手形		
2. c	294,000	1. d	303,000
		3. c	335,000
		7. d	500,000

	買　掛　金		
1. f	21,000	1. c	223,000
4. a	281,000		

	支払手形		
4. b	304,000	1. d	242,000

	売　　上		
2. d	35,000	2. a	390,000
		2. b	228,000
		2. c	294,000

	仕　　入		
1. a	40,000	1. f	21,000
1. b	98,000		
1. c	223,000		
1. d	242,000		
1. e	303,000		

【問3】

合　計　試　算　表
令和×9年1月31日

借　方	勘　定　科　目	貸　方
725,000	現　　　　　　金	86,000
	現　金　過　不　足	6,000
1,555,000	当　座　預　金	1,036,000
936,000	受　取　手　形	378,000
920,000	売　　掛　　金	535,000
180,000	売 買 目 的 有 価 証 券	76,000
365,000	繰　越　商　品	
114,000	未　　収　　金	
33,000	前　　払　　金	15,000
47,000	仮　　払　　金	
1,800,000	建　　　　　　物	
950,000	備　　　　　　品	200,000
323,000	支　払　手　形	836,000
410,000	買　　掛　　金	632,000
	借　　入　　金	300,000
40,000	未　　払　　金	285,000
12,000	前　　受　　金	48,000
	仮　　受　　金	62,000
	所 得 税 (預 り 金)	12,000
30,000	貸　倒　引　当　金	30,000
	建 物 減 価 償 却 累 計 額	1,296,000
162,000	備 品 減 価 償 却 累 計 額	315,000
	資　　本　　金	2,400,000
7,000	(引　　出　　金)	
50,000	売　　　　　　上	802,000
	有 価 証 券 売 却 益	8,000
	固 定 資 産 売 却 益	52,000
457,000	仕　　　　　　入	21,000
174,000	給　　　　　　料	
13,000	通　　信　　費	
8,000	保　　険　　料	
1,000	手　形　売　却　損	
13,000	支　払　利　息	
35,000	租　税　公　課	
71,000	(貸　　倒) 損　失	
9,431,000		9,431,000

[解説]（主な勘定のみ記載）

現　　金			
(1) a	320,000	(1) c	18,000
〃 b	38,000	〃 d	47,000
〃 g	6,000	〃 e	8,000
		〃 f	13,000

当座預金			
(2) b	270,000	(1) a	320,000
〃 d	284,000	(2) c	323,000
〃 f	74,000	〃 e	156,000
〃 g	287,000	〃 h	40,000
〃 i	90,000	〃 k	162,000
〃 j	62,000	〃 l	35,000

売掛金			
(4) a	371,000	(2) d	284,000
		(4) a	50,000
		(5) b	100,000
		〃 d	101,000

受取手形			
(4) b	340,000	(2) b	270,000
〃 c	79,000	〃 f	75,000
		(3) c	33,000

買掛金			
(2) e	156,000	(3) a	219,000
(3) a	14,000		
(5) a	140,000		
〃 b	100,000		

支払手形			
(2) c	323,000	(3) b	190,000
		(5) a	140,000

売　　上			
(4) a	50,000	(4) a	371,000
		〃 b	340,000
		〃 c	79,000
		〃 d	12,000

仕　　入			
(3) a	219,000	(3) a	14,000
〃 b	190,000	〃 e	7,000
〃 c	33,000		
〃 d	15,000		

第19章　決算と決算整理

【問1】

［決算整理仕訳］

	借　方　科　目	金　額	貸　方　科　目	金　額
(1)	仕　　　　　入	29,000	繰　越　商　品	29,000
	繰　越　商　品	41,000	仕　　　　　入	41,000
(2)	貸倒引当金繰入	16,600	貸　倒　引　当　金	16,600

【問2】

	借　方　科　目	金　額	貸　方　科　目	金　額
(1)	貸倒引当金繰入	7,600	貸　倒　引　当　金	7,600
(2)	減　価　償　却　費	24,000	減価償却累計額	24,000
(3)	仕　　　　　入	381,000	繰　越　商　品	381,000
	繰　越　商　品	412,000	仕　　　　　入	412,000
(4)	有価証券評価損	9,000	売買目的有価証券	9,000
(5)	前　払　家　賃	11,000	支　払　家　賃	11,000
(6)	保　　険　　料	7,600	未　払　保　険　料	7,600
(7)	雑　　　　　損	10,000	現　　　　　金	10,000

繰 越 試 算 表

令和×8年3月31日

借 方	元丁	勘 定 科 目	貸 方
208,000	1	現　　　　　金	
708,000	2	当 座 預 金	
630,000	3	受 取 手 形	
330,000	4	売 買 目 的 有 価 証 券	
412,000	5	繰 越 商 品	
800,000	6	建　　　　　物	
1,900,000	7	土　　　　　地	
11,000	8	前 払 家 賃	
	9	支 払 手 形	1,108,000
	10	買　　掛　　金	715,000
	11	借　　入　　金	200,000
	12	未 払 保 険 料	7,600
	13	貸 倒 引 当 金	12,600
	14	建 物 減 価 償 却 累 計 額	424,000
	15	資　　本　　金	2,531,800
4,999,000			4,999,000

【問1】

精算表

勘 定 科 目	残高試算表 借方	残高試算表 貸方	整理記入 借方	整理記入 貸方	損益計算書 借方	損益計算書 貸方	貸借対照表 借方	貸借対照表 貸方
現　　　　　金	87,000						87,000	
現 金 過 不 足		6,000	6,000					
当 座 預 金	120,000						120,000	
受 取 手 形	173,000						173,000	
売 掛 金	82,000						82,000	
売買目的有価証券	78,000		1,000				79,000	
仮 払 金	8,000			8,000				
繰 越 商 品	110,000		130,000	110,000			130,000	
建　　　　　物	1,000,000						1,000,000	
備　　　　　品	240,000						240,000	
支 払 手 形		94,000						94,000
買 掛 金		72,000	2,500					69,500
借 入 金		300,000						300,000
貸 倒 引 当 金		3,000		2,100				5,100
建物減価償却累計額		120,000		30,000				150,000
備品減価償却累計額		108,000		36,000				144,000
資 本 金		1,000,000						1,000,000
売　　　　　上		2,150,000				2,150,000		
受 取 利 息		15,000	1,500			13,500		
受 取 手 数 料		6,000		6,000		12,000		
仕　　　　　入	1,556,000		110,000	130,000	1,536,000			
給　　　　　料	230,000				230,000			
保 険 料	42,000			21,000	21,000			
通 信 費	28,000				28,000			
支 払 家 賃	72,000			4,000	68,000			
広 告 宣 伝 費	38,000		5,500		43,500			
支 払 利 息	10,000		5,000		15,000			
	3,874,000	3,874,000						
貸 倒 引 当 金 繰 入			2,100		2,100			
有 価 証 券 評 価 益				1,000		1,000		
減 価 償 却 費			66,000		66,000			
（前払）保険料			21,000				21,000	
（前払）家賃			4,000				4,000	
前受（利息）				1,500				1,500
（未払）利息				5,000				5,000
当 期 純（利益）					166,900			166,900
			354,600	354,600	2,176,500	2,176,500	1,936,000	1,936,000

[解説] (1) (仕　　　　入)　110,000　(繰　越　商　品)　110,000
　　　　　　(繰　越　商　品)　130,000　(仕　　　　入)　130,000
　　　　(2) (貸倒引当金繰入)　2,100　(貸　倒　引　当　金)　2,100
　　　　(3) (売買目的有価証券)　1,000　(有　価　証　券　評　価　益)　1,000
　　　　(4) (減　価　償　却　費)　66,000　(建物減価償却累計額)　30,000
　　　　　　　　　　　　　　　　　　　(備品減価償却累計額)　36,000
　　　　(5) (前　払　保　険　料)　21,000　(支　払　保　険　料)　21,000
　　　　(6) (前　払　家　賃)　4,000　(支　払　家　賃)　4,000
　　　　(7) (受　取　利　息)　1,500　(前　受　利　息)　1,500
　　　　(8) (支　払　利　息)　5,000　(未　払　利　息)　5,000
　　　　(9) (買　　掛　　金)　2,500　(仮　　払　　金)　8,000
　　　　　　(広　告　宣　伝　費)　5,500
　　　　(10) (現　金　過　不　足)　6,000　(受　取　手　数　料)　6,000

【問2】　　　　　　　　　　　　　　　　精　算　表

勘 定 科 目	残高試算表 借方	残高試算表 貸方	整理記入 借方	整理記入 貸方	損益計算書 借方	損益計算書 貸方	貸借対照表 借方	貸借対照表 貸方
現　　　　　金	38,200			1,000			37,200	
当　座　預　金	87,000		18,700				105,700	
受　取　手　形	84,000						84,000	
売　　掛　　金	66,000						66,000	
仮　　払　　金	10,000			10,000				
売買目的有価証券	45,500		1,050				46,550	
繰　越　商　品	86,000		62,000	86,000			62,000	
備　　　　　品	26,000						26,000	
建　　　　　物	90,000						90,000	
土　　　　　地	40,000						40,000	
支　払　手　形		64,000						64,000
買　　掛　　金		75,000						75,000
貸　倒　引　当　金		1,700		1,300				3,000
建物減価償却累計額		10,800		2,700				13,500
借　　入　　金		120,000						120,000
資　　本　　金		200,000						200,000
売　　　　　上		494,000				494,000		
受　取　家　賃		15,000	10,000			5,000		
受　取　利　息		900				900		
仕　　　　　入	314,000		86,000	62,000	338,000			
給　　　　　料	54,000				54,000			
旅　費　交　通　費	20,000		11,000		31,000			
消　耗　品　費	18,200			2,600	15,600			
支　払　利　息	2,500		3,500		6,000			
	981,400	981,400						
（ 前　受　金 ）				18,700				18,700
貸倒引当金（繰入）			1,300		1,300			
有価証券（評価益）				1,050		1,050		
減　価　償　却　費			3,480		3,480			
（備品減価償却累計額）				780				780
（ 前　受 ）家　賃				10,000				10,000
（ 未　払 ）利　息				3,500				3,500
（ 消　耗　品 ）			2,600				2,600	
当　期　純（利　益）					51,570			51,570
			199,630	199,630	500,950	500,950	560,050	560,050

[解説] (1) （仕　　　　　入） 86,000 （繰　越　商　品） 86,000
　　　　　 （繰　越　商　品） 62,000 （仕　　　　　入） 62,000
　　　 (2) （旅　費　交　通　費） 11,000 （仮　　払　　金） 10,000
　　　　　　　　　　　　　　　　　　　　　（現　　　　　金） 1,000
　　　 (3) （当　座　預　金） 18,700 （前　　受　　金） 18,700
　　　 (4) （貸倒引当金繰入） 1,300 （貸　倒　引　当　金） 1,300
　　　 (5) （売買目的有価証券） 1,050 （有価証券評価益） 1,050
　　　 (6) （減　価　償　却　費） 3,480 （建物減価償却累計額） 2,700
　　　　　　　　　　　　　　　　　　　　　（備品減価償却累計額） 780
　　　 (7) （受　取　家　賃） 10,000 （前　受　家　賃） 10,000
　　　 (8) （支　払　利　息） 3,500 （未　払　利　息） 3,500
　　　 (9) （消　　耗　　品） 2,600 （消　耗　品　費） 2,600

【問3】　　　　　　　　　　　　　精　算　表

勘　定　科　目	残高試算表 借　方	残高試算表 貸　方	整理記入 借　方	整理記入 貸　方	損益計算書 借　方	損益計算書 貸　方	貸借対照表 借　方	貸借対照表 貸　方
現　　　　　金	382,000						382,000	
当　座　預　金	449,000						449,000	
受　取　手　形	428,000						428,000	
売　　掛　　金	357,000			50,000			307,000	
仮　　払　　金	150,000			150,000				
売買目的有価証券	690,000			110,000			580,000	
繰　越　商　品	245,000		285,000	245,000			285,000	
消　　耗　　品	70,000			52,000			18,000	
建　　　　　物	2,500,000						2,500,000	
備　　　　　品	600,000		250,000				850,000	
貸　　付　　金	800,000						800,000	
支　払　手　形		417,000						417,000
買　　掛　　金		361,000						361,000
借　　入　　金		300,000						300,000
前　　受　　金		50,000	50,000					
未　　払　　金		12,000		100,000				112,000
貸　倒　引　当　金		11,000		18,400				29,400
建物減価償却累計額		281,250		56,250				337,500
備品減価償却累計額		180,000		101,250				281,250
資　　本　　金		3,500,000						3,500,000
売　　　　　上		9,524,000				9,524,000		
受　取　家　賃		395,000	158,000			237,000		
受　取　利　息		20,000		30,000		50,000		
仕　　　　　入	7,612,250		245,000	285,000	7,572,250			
給　　　　　料	592,000				592,000			
水　道　光　熱　費	119,000				119,000			
通　　信　　費	45,000				45,000			
支　払　利　息	12,000			7,000	5,000			
	15,051,250	15,051,250						
貸倒引当金繰入			18,400		18,400			
有価証券評価（損）			110,000		110,000			
減　価　償　却　費			157,500		157,500			
（消　耗　品　費）			52,000		52,000			
前　払（利　息）			7,000				7,000	
（未　収）利　息			30,000				30,000	
（前　受）家　賃				158,000				158,000
当期純（利益）					1,139,850			1,139,850
			1,362,900	1,362,900	9,811,000	9,811,000	6,636,000	6,636,000

112

[解説]　(1)　(備　　　　　　品)　250,000　　(仮　　払　　金)　150,000
　　　　　　　　　　　　　　　　　　　　　(未　　払　　金)　100,000
　　　　(2)　(前　受　金)　50,000　　(売　　掛　　金)　50,000
　　　　(3)　(貸倒引当金繰入)　18,400　　(貸　倒　引　当　金)　18,400
　　　　　　※（¥357,000 － ¥50,000 ＋ ¥428,000）× 4% － ¥11,000 ＝ ¥18,400
　　　　(4)　(有価証券評価損)　110,000　　(売買目的有価証券)　110,000
　　　　(5)　(仕　　　　入)　245,000　　(繰　越　商　品)　245,000
　　　　　　(繰　越　商　品)　285,000　　(仕　　　入)　285,000
　　　　(6)　(減　価　償　却　費)　157,500　　(建物減価償却累計額)　56,250
　　　　　　　　　　　　　　　　　　　　　(備品減価償却累計額)　101,250
　　　　(7)　(消　耗　品　費)　52,000　　(消　　耗　　品)　52,000
　　　　(8)　(未　収　利　息)　30,000　　(受　取　利　息)　30,000
　　　　(9)　(前　払　利　息)　7,000　　(支　払　利　息)　7,000
　　　　(10)　(受　取　家　賃)　158,000　　(前　受　家　賃)　158,000

　　　　※受取家賃¥395,000 は，令和×6年1月1日から令和×7年8月31日（20ヶ月分）の金額である。

$$¥395,000 \times \frac{8ヶ月}{20ヶ月} = ¥158,000$$

【問4】

精　算　表

勘　定　科　目	残高試算表		整理記入		損益計算書		貸借対照表	
	借　方	貸　方	借　方	貸　方	借　方	貸　方	借　方	貸　方
現　　　　　金	18,700						18,700	
当　座　預　金	66,300						66,300	
受　取　手　形	31,100						31,100	
売　　掛　　金	22,900						22,900	
貸　付　金	15,000						15,000	
繰　越　商　品	54,000		59,500	54,000			59,500	
備　　　　　品	40,000						40,000	
支　払　手　形		24,800						24,800
買　　掛　　金		21,400						21,400
借　　入　　金		25,000						25,000
貸　倒　引　当　金		1,500		2,160				3,660
備品減価償却累計額		13,500		4,500				18,000
資　　本　　金		125,000						125,000
売　　　　　上		451,000				451,000		
受　取　利　息		800		120		920		
仕　　　　　入	296,000		54,000	59,500	290,500			
給　　　　　料	95,100				95,100			
広　告　宣　伝　費	7,200				7,200			
支　払　家　賃	7,900		2,900		10,800			
水　道　光　熱　費	6,800				6,800			
保　険　料	800			300	500			
支　払　利　息	1,200		140		1,340			
	663,000	663,000						
(貸倒引当金)繰入			2,160		2,160			
減　価　償　却　費			4,500		4,500			
(未　収)利　息			120				120	
(未　払)家　賃				2,900				2,900
(前　払)保　険　料			300				300	
未　払　利　息				140				140
当　期　純(利　益)					33,020			33,020
			123,620	123,620	451,920	451,920	253,920	253,920

【問5】

精　算　表

勘 定 科 目	残高試算表 借方	残高試算表 貸方	整理記入 借方	整理記入 貸方	損益計算書 借方	損益計算書 貸方	貸借対照表 借方	貸借対照表 貸方
現　　　　　金	3,200						3,200	
現 金 過 不 足		40	40					
当 座 預 金	33,100						33,100	
受 取 手 形	1,900						1,900	
売 　掛 　金	5,600						5,600	
貸 倒 引 当 金		130		95				225
貸 　付 　金	7,400						7,400	
繰 越 商 品	4,000		4,500	4,000			4,500	
備　　　　　品	30,000						30,000	
備品減価償却累計額		10,800		2,700				13,500
建　　　　　物	60,000						60,000	
建物減価償却累計額		17,280		2,160				19,440
支 払 手 形		2,700						2,700
買 　掛 　金		6,300						6,300
借 　入 　金		25,000						25,000
資 　本 　金		70,000						70,000
売　　　　　上		90,000				90,000		
受 取 家 賃		2,500				2,500		
受 取 利 息		900		50		950		
仕　　　　　入	71,000		4,000	4,500	70,500			
給　　　　　料	3,500				3,500			
水 道 光 熱 費	1,400				1,400			
保 　険 　料	1,600			300	1,300			
消 耗 品 費	700			60	640			
支 払 地 代	1,650		300		1,950			
支 払 利 息	600				600			
	225,650	225,650						
雑 （　益　）				40		40		
貸倒引当金（繰入）			95		95			
減 価 償 却 費			4,860		4,860			
消 　耗 　品			60				60	
前 払 保 険 料			300				300	
（ 未 収 ） 利 息			50				50	
（ 未 払 ） 地 代				300				300
			14,205	14,205				
当 期 純 （ 利 益 ）					8,645			8,645
					93,490	93,490	146,110	146,110

114

【問1】

	借　方　科　目	金　　額	貸　方　科　目	金　　額
(1)	売　　　　　　　上 受　取　配　当　金	1,000,000 100,000	損　　　　　　　益	1,100,000
(2)	損　　　　　　　益	970,000	仕　　　　　　　入 給　　　　　　　料 支　払　利　息 水　道　光　熱　費	340,000 290,000 210,000 130,000
(3)	損　　　　　　　益	130,000	資　　本　　金	130,000

(4)

```
              損        益                                資   本   金
3/31 仕   入   340,000 │3/31 売     上 1,000,000                    │4/1 前期繰越 1,000,000
 〃  給   料   290,000 │ 〃 受取配当金   100,000                    │3/31 損    益   130,000
 〃  支払利息   210,000 │
 〃  水道光熱費 130,000 │
 〃  資 本 金   130,000 │
              1,100,000 │             1,100,000
```

【問2】

(1)

	借　方　科　目	金　　額	貸　方　科　目	金　　額
収益勘定の振替	売　　　　　　　上 受　取　手　数　料	315,000 22,000	損　　　　　　　益	337,000
費用勘定の振替	損　　　　　　　益	256,000	仕　　　　　　　入 給　　　　　　　料 水　道　光　熱　費 支　払　家　賃 雑　　　　　　　損	151,000 40,000 20,000 30,000 15,000
純損益の振替	損　　　　　　　益	81,000	資　　本　　金	81,000

(2)

```
           現        金        1                 支 払 家 賃        14
          528,000 │        308,000          30,000 │3/31 損   益   30,000
                  │3/31 次期繰越 220,000
          528,000 │        528,000
4/1 前期繰越 220,000 │
```

資　本　金			8
3/31 次期繰越 **381,000**			*300,000*
		3/31 損　益	*81,000*
381,000			*381,000*
		4/1 前期繰越	*381,000*

損　　益			16
3/31 仕　　入	*151,000*	3/31 売　　上	*315,000*
〃　給　料	*40,000*	〃　受取手数料	*22,000*
〃　水道光熱費	*20,000*		
〃　支払家賃	*30,000*		
〃　雑　損	*15,000*		
〃　資本金	*81,000*		
	337,000		*337,000*

(3)

繰 越 試 算 表
令和×7年3月31日

借　　方	元丁	勘　定　科　目	貸　　方
220,000	1	現　　　　　金	
58,000	2	売　　掛　　金	
171,000	3	受　取　手　形	
60,000	4	繰　越　商　品	
50,000	5	備　　　　　品	
	6	買　　掛　　金	*42,000*
	7	支　払　手　形	*136,000*
	8	資　　本　　金	*381,000*
559,000			*559,000*

(4)

損 益 計 算 書
青森商店　　　　　　　　令和×6年4月1日から令和×7年3月31日

費　　用	金　　額	収　　益	金　　額
仕　　　　　入	*151,000*	売　　　　　上	*315,000*
給　　　　　料	*40,000*	受　取　手　数　料	*22,000*
水　道　光　熱　費	*20,000*		
支　払　家　賃	*30,000*		
雑　　　　　損	*15,000*		
当　期　純　利　益	*81,000*		
	337,000		*337,000*

貸 借 対 照 表
青森商店　　　　　　　　　　　令和×7年3月31日

資　　産	金　　額	負債・純資産	金　　額
現　　　　　金	*220,000*	買　　掛　　金	*42,000*
売　　掛　　金	*58,000*	支　払　手　形	*136,000*
受　取　手　形	*171,000*	資　　本　　金	*300,000*
繰　越　商　品	*60,000*	当　期　純　利　益	*81,000*
備　　　　　品	*50,000*		
	559,000		*559,000*

【問3】

	総収益	総費用	期首純資産	期末純資産	期末資産	期末負債	当期純損益
(1)	570,000	(620,000)	1,200,000	(1,150,000)	2,100,000	(950,000)	(△ 50,000)
(2)	(500,000)	390,000	(1,390,000)	1,500,000	(2,300,000)	800,000	(110,000)

【問4】

	借 方 科 目	金 額	貸 方 科 目	金 額
(1)	売 上 受 取 家 賃	590,000 53,000	損 益	643,000
(2)	資 本 金	37,000	損 益	37,000

【問5】

	借 方 科 目	金 額	貸 方 科 目	金 額
(1)	資 本 金	97,300	引 出 金	97,300
(2)	損 益	※ 50,700	資 本 金	50,700

※ 当期純利益の算定

資 本 金

引 出 金　　97,300 円	期首資本金　　1,534,000 円
期末資本金　　2,317,400 円	追加出資　　830,000 円
	当期純利益（差額）　　50,700 円

第22章 財務諸表の作成

【問1】

損 益 計 算 書

令和 × 6 年 10 月 1 日から令和 × 7 年 9 月 30 日

費 用	金 額	収 益	金 額
（ 売 上 ）原 価	（ 440,000）	売 上 高	（ 750,000）
給 料	（ 149,000）	（ 受 取 利 息 ）	（ 1,800）
（ 支 払 ）家 賃	（ 7,500）		
減 価（ 償 却 費 ）	（ 6,750）		
（ 保 険 料 ）	（ 1,150）		
貸 倒（ 引 当 金 繰 入 ）	（ 2,500）		
（ 支 払 ）利 息	（ 1,200）		
有 価 証 券 評 価 損	（ 20,000）		
（ 当 期 純 利 益 ）	（ 123,700）		
	（ 751,800）		（ 751,800）

貸 借 対 照 表

令和×7年9月30日

資　　産	金　　額	負債・純資産	金　　額
現　　　　　金	（　165,200）	（　支　払　）手　形	（　217,300）
当　座　預　金	（　191,500）	借　　入　　金	（　300,000）
（　受　取　手　形　）（　220,000）		（　未　払　）家　賃	（　1,500）
貸　倒　引　当　金（　8,500）	（　211,500）	資　　本　　金	（　200,000）
売買目的有価証券	（　130,000）	（　当　期　純　利　益　）	（　123,700）
商　　　　　品	（　75,000）		
（　未　収　利　息　）	（　200）		
（　前　払　保　険　料　）	（　100）		
備　　　　　品（　150,000）			
（減価償却累計額）（　81,000）	（　69,000）		
	（　842,500）		（　842,500）

【問2】

損 益 計 算 書

令和×5年4月1日から令和×6年3月31日

費　　用	金　　額	収　　益	金　　額
売　上　原　価	（　1,314,000）	売　　上　　高	（　2,587,600）
販　　売　　費	（　381,000）	受　取　手　数　料	（　12,500）
給　　　　　料	（　270,000）	受　取　配　当　金	（　7,000）
保　　険　　料	（　21,000）	（　雑　　益　　）	（　600）
減　価　償　却　費	（　66,000）		
貸　倒　引　当　金　繰　入	（　5,160）		
（　支　払　利　息　）	（　7,500）		
有　価　証　券　評　価　損	（　1,500）		
（　当　期　純　利　益　）	（　541,540）		
	（　2,607,700）		（　2,607,700）

貸 借 対 照 表

令和×6年3月31日

資　　産	金　　額	負債・純資産	金　　額
現 金 預 金	（　　69,000）	支 払 手 形	（　　105,000）
受 取 手 形（　87,000）		買 掛 金	（　　112,000）
（ 貸 倒 引 当 金 ）（　3,480）（　83,520）		借 入 金	（　　250,000）
売 掛 金（　72,000）		（ 前 受 手 数 料 ）	（　　　3,400）
（ 貸 倒 引 当 金 ）（　2,880）（　69,120）		（ 未 払 ） 利 息	（　　　　700）
有 価 証 券	（　　103,000）	資 本 金	（　2,450,000）
商 品	（　　85,000）	（ 当 期 純 利 益 ）	（　　541,540）
（ 前 払 保 険 料 ）	（　　3,000）		
建 物（1,200,000）			
（減価償却累計額）（　360,000）（　840,000）			
備 品（　200,000）			
（減価償却累計額）（　90,000）（　110,000）			
土 地	（　2,100,000）		
	（　3,462,640）		（　3,462,640）

［解説］（決算整理後残高試算表における「？」欄の算出方法）

貸 倒 引 当 金 ⇒ |87,000（受取手形）+ 72,000（売掛金）| × 4% = 6,360

売 上 ⇒ 貸方合計からの差額

仕 入 ⇒ 79,000（期首商品棚卸高）+ 1,320,000（当期商品仕入高）− 85,000（期末商品棚卸高）
= 1,314,000（仕入・売上原価）

減 価 償 却 費 ⇒ 借方合計からの差額

貸倒引当金繰入 ⇒ 6,360（貸倒引当金）− 1,200（決算修正前当期末残高）= 5,160

【問3】

損 益 計 算 書

令和×4年4月1日から令和（×5）年（3）月（31）日

費　　用	金　　額	収　　益	金　　額
売 上 原 価	（　510,000）	売 上 高	（　824,000）
給 料	（　210,000）	（ 受 取 手 数 料 ）	（　　50,000）
貸 倒 引 当 金 繰 入	（　　2,800）		
減 価 償 却 費	（　　9,000）		
（ 消 耗 品 費 ）	（　　9,500）		
保 険 料	（　　800）		
支 払 利 息	（　　1,300）		
（ 当 期 純 利 益 ）	（　130,600）		
	（　874,000）		（　874,000）

貸 借 対 照 表

令和（×5）年（3）月（31）日

資　　　産	金　　額		負債・純資産	金　　額
現　　　　　金		（　69,500）	買　　掛　　金	（　149,400）
当　座　預　金		（　157,000）	借　　入　　金	（　200,000）
売　　掛　　金	（　210,000）		（未　払）利　息	（　　　300）
（貸倒引当金）	（　8,400）	（　201,600）	資　　本　　金	（　1,200,000）
商　　　　　品		（　260,000）	（当期純利益）	（　130,600）
（消　耗　品）		（　1,800）		
（前払）保険料		（　　400）		
建　　　　　物	（　250,000）			
（減価償却累計額）	（　90,000）	（　160,000）		
土　　　　　地		（　830,000）		
		（　1,680,300）		（　1,680,300）

[解説]

残高試算表の「繰越商品」勘定は〔資料Ⅱ〕(1)より，¥245,000と算出できる。なお，残高試算表の「給料」勘定の金額は，借方合計との差額から¥210,000となる。

```
(1) （借）仕          入   245,000      （貸）繰 越 商 品   245,000
    （借）（繰 越 商 品） 260,000      （貸）（仕         入） 260,000

(2) （借）（貸倒引当金繰入）  2,800      （貸）（貸 倒 引 当 金）  2,800

(3) （借）（減 価 償 却 費）  9,000      （貸）（減価償却累計額）  9,000

(4) （借）（消     耗     品）  1,800      （貸）（消 耗 品 費）  1,800

(5) （借）（前 払 保 険 料）    400      （貸）（保     険     料）    400

(6) （借）（支 払 利 息）    300      （貸）（未 払 利 息）    300

(7) （借）売          上   824,000      （貸）損          益  （ 874,000）
       （受 取 手 数 料）（ 50,000）

    （借）損          益  （ 743,400）    （貸）仕          入  （ 510,000）
                                            給          料   210,000
                                            貸 倒 引 当 金 繰 入 （  2,800）
                                            減 価 償 却 費 （  9,000）
                                            消 耗 品 費 （  9,500）
                                            保     険     料 （    800）
                                            支 払 利 息 （  1,300）
```

120

第23章　伝票会計

【問1】

(1)

出 金 伝 票	
借方科目	金　額
買　掛　金	70,000

振　替　伝　票			
借方科目	金　額	貸方科目	金　額
仕　　入	120,000	買　掛　金	120,000

(2)

入 金 伝 票	
貸方科目	金　額
仕　入	5,000

振　替　伝　票			
借方科目	金　額	貸方科目	金　額
買　掛　金	10,000	仕　　入	10,000

【問2】

a	b	c	d
仮払金	旅費交通費	旅費交通費	仮払金

【問3】

	借 方 科 目	金　額	貸 方 科 目	金　額
(1)	仕　　　　入	700,000	買　　掛　　金 現　　　　金	400,000 300,000
(2)	受　取　手　形 現　　　　金	730,000 120,000	売　　　　上	850,000

【問4】

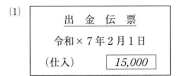

(1)

出 金 伝 票	
令和×7年2月1日	
（仕入）	15,000

(2)

仕 入 伝 票	
令和×7年2月1日	
東京商店	40,000

出 金 伝 票	
令和×7年2月1日	
（買掛金）	15,000

第1問（20点）

	借　方　科　目	金　　額	貸　方　科　目	金　　額
(1)	貸 倒 引 当 金 貸 倒 損 失	90,000 75,000	売　　掛　　金	165,000
(2)	売買目的有価証券	1,348,000	未　　払　　金	1,348,000
(3)	租 税 公 課	150,000	当 座 預 金	150,000
(4)	売　　　　　上	67,000	売　　掛　　金	67,000
(5)	仕　　　　　入	275,000	当 座 預 金 当 座 借 越	150,000 125,000

仕訳1組につき4点。合計20点。

第2問（12点）

(1)	(2)	(3)	(4)	(5)	(6)
5,000	3,000	502,000	270,000	250,000	910,000

(7)	(8)	(9)	(10)	(11)	(12)
200,000	285,000	490,000	217,000	170,000	420,000

各1点。計12点。

第3問 (30点)

合 計 残 高 試 算 表
令和×7年1月31日

借 方 残 高	借 方 合 計	勘 定 科 目	貸 方 合 計	貸 方 残 高
438,000	1,011,000	現　　　　　　金	573,000	
516,300	1,400,000	当　座　預　金	883,700	
227,000	662,000	受　取　手　形	435,000	
529,000	1,990,000	売　　掛　　金	1,461,000	
152,000	152,000	繰　越　商　品		
250,000	250,000	備　　　　　品		
	194,000	支　払　手　形	461,000	267,000
	853,000	買　　掛　　金	1,421,000	568,000
	75,000	未　　払　　金	80,000	5,000
	42,000	預　　り　　金	47,000	5,000
	50,000	借　　入　　金	350,000	300,000
	1,400	資　　本　　金	880,000	878,600
	32,000	売　　　　　上	1,890,000	1,858,000
1,280,000	1,305,000	仕　　　　　入	25,000	
311,000	311,000	給　　　　　料		
65,600	65,600	水　道　光　熱　費		
110,200	110,200	支　払　家　賃		
2,500	2,500	支　払　利　息		
3,881,600	8,506,700		8,506,700	3,881,600

売 掛 金 明 細 表

	1月25日	1月31日
土 浦 商 店	¥ 223,000	¥ 223,000
愛 知 商 店	159,000	110,000
厚 木 商 店	157,000	196,000
	¥ 539,000	¥ 529,000

買 掛 金 明 細 表

	1月25日	1月31日
神 戸 商 店	¥ 217,000	¥ 285,000
名古屋商店	184,000	183,000
千 葉 商 店	162,000	100,000
	¥ 563,000	¥ 568,000

☐ 1つにつき3点。合計30点。

[解説] (主な勘定のみ記載)

売　　上

	30,000		1,712,000
28日	2,000	26日	32,000
		〃	39,000
		28日	72,000
		〃	35,000

売　掛　金

1,847,000			1,308,000
26日	32,000	26日	59,000
〃	39,000	28日	2,000
28日	72,000	〃	62,000
		30日	30,000

受　取　手　形

632,000			385,000
30日	30,000	26日	35,000
		29日	15,000

123

土浦商店				愛知商店				厚木商店		
	223,000	28日	2,000		159,000	26日	59,000		157,000	
26日	32,000	30日	30,000	28日	72,000	28日	62,000	26日	39,000	

仕 入				買 掛 金				支 払 手 形		
	1,142,000		22,000		760,000		1,323,000		159,000	411,000
29日	71,000	30日	3,000	28日	62,000	29日	71,000	31日 35,000	30日	50,000
〃	42,000			30日	3,000	〃	27,000			
30日	50,000			31日	28,000					

神戸商店				名古屋商店				千葉商店		
30日	3,000		285,000	31日	28,000		183,000	28日 62,000		100,000
		29日	71,000			29日	27,000			

当 座 預 金			
	1,271,000		668,700
26日	59,000	29日	10,000
〃	35,000	〃	15,000
28日	35,000	31日	35,000
		〃	28,000
		〃	7,000
		〃	120,000

第4問（8点）

(1)

振 替 伝 票			
令和×7年3月9日			
借方科目	金　額	貸方科目	金　額
仕　　　入	450,000	買 掛 金	450,000

(2)

振 替 伝 票			
令和×7年3月19日			
借方科目	金　額	貸方科目	金　額
旅費交通費	47,000	仮 払 金	47,000

各4点。計8点。

第5問 (30点)

精 算 表

勘 定 科 目	残高試算表 借 方	残高試算表 貸 方	整理記入 借 方	整理記入 貸 方	損益計算書 借 方	損益計算書 貸 方	貸借対照表 借 方	貸借対照表 貸 方
現　　　　金	482,000						482,000	
当 座 預 金	528,000		210,000				738,000	
受 取 手 形	591,000			210,000			381,000	
売 掛 金	444,000			18,000			426,000	
売買目的有価証券	985,000		25,000				1,010,000	
繰 越 商 品	650,000		715,000	650,000			715,000	
消 耗 品	74,000			58,000			16,000	
建　　　　物	2,300,000						2,300,000	
備　　　　品	350,000						350,000	
支 払 手 形		301,000						301,000
買 掛 金		350,250						350,250
借 入 金		700,000						700,000
貸 倒 引 当 金		13,000		3,140				16,140
建物減価償却累計額		155,250		45,000				200,250
備品減価償却累計額		126,000		63,000				189,000
資 本 金		3,300,000						3,300,000
売　　　　上		9,437,500	18,000			9,419,500		
受 取 手 数 料		84,000				84,000		
受 取 家 賃		92,000	46,000			46,000		
仕　　　　入	6,192,000		650,000	715,000	6,127,000			
給　　　　料	1,728,000				1,728,000			
保 険 料	200,000			59,500	140,500			
支 払 利 息	35,000		8,750		43,750			
	14,559,000	14,559,000						
貸倒引当金繰入			3,140		3,140			
有価証券評価（益）				25,000		25,000		
減 価 償 却 費			108,000		108,000			
（ 消 耗 品 費 ）			58,000		58,000			
（ 未 払 ） 利 息				8,750				8,750
（ 前 払 ） 保 険 料			59,500				59,500	
（ 前 受 ） 家 賃				46,000				46,000
当 期 純 （ 利 益 ）					1,366,110			1,366,110
			1,901,390	1,901,390	9,574,500	9,574,500	6,477,500	6,477,500

☐ 1つにつき4点。ただし，当期純利益は6点。合計30点。

[解説]

	借方	金額	貸方	金額
(1)	（当 座 預 金）	210,000	（受 取 手 形）	210,000
(2)	（売 上）	18,000	（売 掛 金）	18,000
(3)	（貸倒引当金繰入）	3,140	（貸 倒 引 当 金）	3,140
(4)	（売買目的有価証券）	25,000	（有価証券評価益）	25,000
(5)	（仕 入）	650,000	（繰 越 商 品）	650,000
	（繰 越 商 品）	715,000	（仕 入）	715,000
(6)	（減 価 償 却 費）	108,000	（建物減価償却累計額）	45,000
			（備品減価償却累計額）	63,000
(7)	（支 払 利 息）	8,750	（未 払 利 息）	8,750
(8)	（前 払 保 険 料）	59,500	（保 険 料）	59,500
(9)	（消 耗 品 費）	58,000	（消 耗 品）	58,000
(10)	（受 取 家 賃）	46,000	（前 受 家 賃）	46,000

実力テスト　第2回

第1問（20点）

	借 方 科 目	金 額	貸 方 科 目	金 額
(1)	給　　　　　料	2,200,000	現　　　　　金	1,920,000
			所 得 税 預 り 金	150,000
			立　　替　　金	130,000
(2)	建　　　　　物	15,045,000	当 座 預 金	15,000,000
			現　　　　　金	45,000
(3)	仕　　　　　入	800,000	受　取　手　形	300,000
			売　　掛　　金	500,000
(4)	受 取 商 品 券	55,000	売　　　　　上	52,300
			現　　　　　金	2,700
(5)	仕　　　　　入	480,000	当 座 預 金	205,000
			買　　掛　　金	275,000

仕訳1組につき4点。合計20点。

第2問（12点）

売 掛 金 元 帳

福岡商店

令和×5年		摘　　　要	借　　方	貸　　方	借または貸	残　　高
5	1	前 月 繰 越	200,000		借	200,000
	7	入　　　　　金		75,000	〃	125,000
	11	売　　　　　上	110,000		〃	235,000
	13	値　　　　　引		3,000	〃	232,000
	19	為 手 振 出 し		110,000	〃	122,000
	26	売　　　　　上	70,000		〃	192,000
	31	次 月 繰 越		192,000		
			380,000	380,000		
6	1	前 月 繰 越	192,000		借	192,000

☐　1つにつき4点。合計12点。

第3問 (30点)

残 高 試 算 表
令和×6年3月31日

借 方	勘 定 科 目	貸 方
1,005,000	現 金 預 金	
357,000	受 取 手 形	
1,721,000	売 掛 金	
480,000	繰 越 商 品	
95,000	前 払 金	
600,000	建 物	
250,000	備 品	
1,000,000	土 地	
	支 払 手 形	134,000
	買 掛 金	1,534,400
	借 入 金	1,030,000
	(前 受 金)	12,000
	未 払 金	245,000
	貸 倒 引 当 金	2,600
	建 物 減 価 償 却 累 計 額	162,000
	備 品 減 価 償 却 累 計 額	11,000
	資 本 金	2,180,000
	売 上	3,812,000
1,909,000	仕 入	
1,150,000	給 料	
62,000	支 払 利 息	
418,000	そ の 他 営 業 費	
76,000	(固 定 資 産 売 却 損)	
9,123,000		9,123,000

☐ 1つにつき3点。合計30点。

[解説] (主な勘定のみ記載)

現 金 預 金			
	594,000	(n)	71,000
(c)	302,000	(p)	797,000
(i)	1,830,000	(v)	62,000
(k)	125,000	(w)	1,150,000
(l)	280,000	(x)	418,000
(r)	430,000		
(s)	14,000		
(t)	180,000		

受 取 手 形			
	550,000	(i)	1,830,000
(b)	1,590,000	(q)	712,000
(j)	659,000		

売 掛 金			
	430,000	(d)	80,000
(a)	2,000,000	(j)	659,000
		(k)	125,000
		(l)	28,000
		(m)	17,000

	支 払 手 形		
(p)	797,000		395,000
		(e)	160,000
		(o)	76,000

	買 掛 金		
(g)	53,000		674,400
(n)	71,000	(f)	1,772,000
(o)	76,000		
(q)	712,000		

	仕 入		
(e)	160,000	(g)	53,000
(f)	1,772,000		
(h)	30,000		

	売 上		
(d)	80,000	(a)	2,000,000
		(b)	1,590,000
		(c)	302,000

第4問（5点）

a	b	c	d	e
⑤	⑩	⑩	③	②

各1点。計5点。

第5問 (33点)

精　算　表

勘　定　科　目	残高試算表 借方	残高試算表 貸方	整理記入 借方	整理記入 貸方	損益計算書 借方	損益計算書 貸方	貸借対照表 借方	貸借対照表 貸方
現　　　　　金	591,000		95,000				686,000	
当　座　預　金	887,000						887,000	
受　取　手　形	810,000						810,000	
売　　掛　　金	604,000			95,000			479,000	
				30,000				
売買目的有価証券	920,000			3,000			917,000	
繰　越　商　品	153,000		119,000	153,000			119,000	
貸　　付　　金	1,000,000						1,000,000	
未　　収　　金	25,000		70,000				95,000	
建　　　　　物	2,500,000						2,500,000	
備　　　　　品	800,000			300,000			500,000	
支　払　手　形		358,000						358,000
買　　掛　　金		309,000						309,000
貸　倒　引　当　金		10,200	10,200	25,780				25,780
建物減価償却累計額		720,000		90,000				810,000
備品減価償却累計額		360,000	135,000	112,500				337,500
資　　本　　金		4,700,000						4,700,000
売　　　　　上		10,287,000				10,287,000		
受　取　利　息		28,000	10,000			18,000		
仕　　　　　入	6,990,200		153,000	119,000	7,024,200			
給　　　　　料	815,000				815,000			
旅　費　交　通　費	203,000				203,000			
水　道　光　熱　費	140,000				140,000			
支　払　地　代	180,000		71,000		251,000			
通　　信　　費	120,000			40,000	80,000			
雑　　　　　費	34,000				34,000			
	16,772,200	16,772,200						
貸倒引当金（繰入）			25,780		25,780			
（貸倒）損失			19,800		19,800			
有価証券評価（損）			3,000		3,000			
減　価　償　却　費			270,000		270,000			
（前受）利息				10,000				10,000
（前払）通信費			40,000				40,000	
（未払）地代				71,000				71,000
固定資産売却（損）			27,500		27,500			
当　期　純（利益）					1,411,720			1,411,720
			1,049,280	1,049,280	10,305,000	10,305,000	8,033,000	8,033,000

☐ 1つにつき4点。ただし，当期純利益は5点。合計33点。

[解説]

(1) （現　　　　　金）95,000　　　（売　掛　金）95,000
(2) （貸　倒　引　当　金）10,200　（売　掛　金）30,000
　　（貸　倒　損　失）19,800
(3) （備品減価償却累計額）135,000　（備　　　品）300,000
　　（減　価　償　却　費）67,500
　　（未　　収　　金）70,000
　　（固定資産売却損）27,500
(4) （貸倒引当金繰入）25,780　　（貸　倒　引　当　金）25,780
(5) （有価証券評価損）3,000　　　（売買目的有価証券）3,000
(6) （仕　　　　　入）153,000　（繰　越　商　品）153,000
　　（繰　越　商　品）119,000　（仕　　　　　入）119,000
(7) （減　価　償　却　費）202,500　（建物減価償却累計額）90,000
　　　　　　　　　　　　　　　　　（備品減価償却累計額）112,500
(8) （受　取　利　息）10,000　　（前　受　利　息）10,000
(9) （前　払　通　信　費）40,000　（通　信　費）40,000
　　※通信費¥120,000は，令和×5年4月1日から令和×6年9月30日（18ヶ月分）の金額である。

$$¥120,000 \times \frac{6ヶ月}{18ヶ月} = ¥40,000$$

(10) （支　払　地　代）71,000　　（未　払　地　代）71,000

実力テスト　第3回

第1問（20点）

	借方科目	金額	貸方科目	金額
(1)	当座預金	140,000	仮受金	140,000
(2)	当座預金	904,000	売買目的有価証券 有価証券売却益	840,000 64,000
(3)	未収金 減価償却累計額 備品売却損	120,000 135,000 45,000	備品	300,000
(4)	受取手形 支払手形	80,000 60,000	売掛金	140,000
(5)	減価償却費	67,500	備品	67,500

仕訳1組につき4点。合計20点。

第2問（8点）

	（イ）	（ロ）	（ハ）	（ニ）
1．現金出納帳	①	1	1	①
2．仕入帳	2	2	②	2
3．売上帳	③	3	3	3
4．商品有高帳	④	4	④	4
5．売掛金元帳	5	⑤	5	⑤
6．買掛金元帳	6	⑥	⑥	6
7．受取手形記入帳	⑦	7	7	7
8．支払手形記入帳	8	8	⑧	8

各1点。計8点。

第3問 (32点)

(1)

試 算 表

借 方			勘 定 科 目	貸 方		
② 10/31 合計	① 10月中取引	10/1 残高		10/1 残高	① 10月中取引	② 10/31 合計
152,000	89,000	63,000	現　　　　金		28,600	28,600
254,000	34,000	220,000	当 座 預 金		161,000	161,000
132,000	30,000	102,000	受 取 手 形		18,000	18,000
180,000	81,000	99,000	売 掛 金		13,000	13,000
63,000		63,000	繰 越 商 品			
2,300		2,300	前 払 金		1,500	1,500
400		400	前 払 家 賃		400	400
300		300	未 収 地 代		300	300
140,000	50,000	90,000	備　　　　品			
130,000		130,000	土　　　　地			
41,000	41,000		支 払 手 形	96,000	78,000	174,000
47,600	47,600		買 掛 金	84,000	84,000	168,000
			仮 受 金		5,000	5,000
			資 本 金	590,000		590,000
3,000	3,000		売　　　　上		120,000	120,000
300	300		受 取 地 代		11,000	11,000
124,500	124,500		仕　　　　入		1,600	1,600
2,900	2,900		支 払 家 賃			
7,100	7,100		給　　　　料			
10,000	10,000		消 耗 品 費			
2,000	2,000		通 信 費			
1,292,400	522,400	770,000		770,000	522,400	1,292,400

(2)

売 掛 金 明 細 表

	10/1 現在	10/31 現在
石 川 商 店	¥　40,000	¥　53,000
愛 知 商 店	59,000	114,000
	¥　99,000	¥　167,000

買 掛 金 明 細 表

	10/1 現在	10/31 現在
静 岡 商 店	¥　4,000	¥　18,400
高 知 商 店	80,000	102,000
	¥　84,000	¥　120,400

▢ 1つにつき4点。合計32点。

[解説] (主な勘定のみ記載)

売　　上			売　　掛　　金			受 取 手 形	
21日 3,000	5日 23,000	5日 23,000	11日 10,000	23日 30,000	8日 18,000
	9日 9,000	18日 58,000	21日 3,000		
	18日 58,000				
	23日 30,000				

131

愛知商店				石川商店			
	59,000	21日	*3,000*		*40,000*	11日	*10,000*
18日	*58,000*			5日	*23,000*		

仕 入				買 掛 金				支 払 手 形			
2日	*1,500*	15日	*1,600*	15日	*1,600*	14日	*40,000*	17日	*41,000*	4日	*32,000*
〃	*1,500*			16日	*22,000*	25日	*44,000*			16日	*22,000*
4日	*32,000*			31日	*24,000*					31日	*24,000*
14日	*40,000*										
25日	*44,000*										

静岡商店				高知商店			
15日	*1,600*		*4,000*	16日	*22,000*		*80,000*
31日	*24,000*	14日	*40,000*			25日	*44,000*

現 金				当 座 預 金			
8日	*9,000*	2日	*7,000*	8日	*18,000*	8日	*50,000*
11日	*10,000*	6日	*2,500*	27日	*5,000*	17日	*41,000*
26日	*70,000*	13日	*7,100*	30日	*11,000*	26日	*70,000*
		19日	*2,000*				
		28日	*10,000*				

第4問 （8点）

（ア）	*400,000*
（イ）	未払金
（ウ）	*200,000*
（エ）	備品減価償却累計額

各2点。計8点。

備 品					
4/1	前 期 繰 越	（ *400,000*)	3/31	次 期 繰 越	（ *530,000*)
3/31	（未　　払　　金）	*130,000*			
		（ *530,000*)			（ *530,000*)

備品減価償却累計額					
3/31	（次 期 繰 越）	（ *200,000*)	4/1	前 期 繰 越	*160,000*
			3/31	減 価 償 却 費	*40,000*
		（ *200,000*)			（ *200,000*)

減 価 償 却 費					
3/31	（備品減価償却累計額）	*40,000*	3/31	（損　　　　益）	*40,000*

第5問（32点）

貸　借　対　照　表
令和×7年3月31日

現　　　　　金		（　91,650）	支　払　手　形		（　29,800）
当　座　預　金		（　194,000）	買　　掛　　金		（　50,150）
受　取　手　形	（　71,000）		借　　入　　金		（　250,000）
（貸倒引当金）	（　1,420）	（　69,580）	（前　受）収　益		（　2,200）
売　　掛　　金	（　39,500）		（未　払）費　用		（　5,000）
（貸倒引当金）	（　790）	（　38,710）	資　　本　　金		（　340,000）
売買目的有価証券		（　49,000）	当期純（利益）		（　127,290）
商　　　　　品		（　93,000）			
前　払　費　用		（　6,500）			
備　　　　　品	（　160,000）				
（減価償却累計額）	（　48,000）	（　112,000）			
土　　　　　地		（　150,000）			
		（　804,440）			（　804,440）

損　益　計　算　書
令和×6年4月1日から令和×7年3月31日

売上（原価）	（　731,000）	売　　上　　高		（1,025,300）
給　　　料	（　75,000）	受　取　地　代		（　2,800）
貸倒引当金（繰入）	（　1,010）	（有価証券評価益）		（　1,700）
減　価　償　却　費	（　24,000）			
支　払　家　賃	（　27,500）			
通　　信　　費	（　16,500）			
消　耗　品　費	（　7,200）			
保　　険　　料	（　15,000）			
（支払）利息	（　5,000）			
（雑　　　損）	（　300）			
当期純（利益）	（　127,290）			
	（1,029,800）			（1,029,800）

☐ 1つにつき4点。合計32点。

[解説]

(2)決算整理事項

①	（通　信　費）	1,500	（現 金 過 不 足）	1,800	
	（雑　　　損）	300			
②	（仕　　　　入）	86,000	（繰 越 商 品）	86,000	
	（繰 越 商 品）	93,000	（仕　　　　入）	93,000	
③	（仮　受　金）	2,500	（売　掛　金）	2,500	
	（貸倒引当金繰入）	1,010	（貸 倒 引 当 金）	1,010	
④	（売買目的有価証券）	1,700	（有価証券評価益）	1,700	
⑤	（減 価 償 却 費）	24,000	（減価償却累計額）	24,000	
⑥	（前　払　家　賃）	1,500	（支　払　家　賃）	1,500	
	（前 払 保 険 料）	5,000	（保　険　料）	5,000	
⑦	（受　取　地　代）	2,200	（前　受　地　代）	2,200	
⑧	（支　払　利　息）	5,000	（未　払　利　息）	5,000	

[編著者] 倍　和博（麗澤大学経営学部・大学院経済研究科教授，立教大学経営学部客員教授）

[著　者] 森田英二（宮崎産業経営大学経営学部准教授）
齋藤香織（明星大学経営学部准教授）
細田雅洋（立教大学経営学部准教授）
野口桂佑（麗澤大学大学院経済研究科博士課程）

（検印省略）

2024 年 4 月 7 日　初版発行　　　　　　　　　　　　略称―簿記処理

簿記処理基本演習

編著者　倍　　和　博
発行者　塚　田　尚　寛

発行所　東京都文京区　　　株式会社　創 成 社
　　　　春日 2-13-1

電　話　03（3868）3867　　Ｆ Ａ Ｘ 03（5802）6802
出版部　03（3868）3857　　Ｆ Ａ Ｘ 03（5802）6801
http://www.books-sosei.com　振　替　00150-9-191261

定価はカバーに表示してあります。

©2024 Kazuhiro Bai　　　　　組版：ワードトップ　印刷：エーヴィスシステムズ
ISBN978-4-7944-1593-6　C3034　製本：エーヴィスシステムズ
Printed in Japan　　　　　　落丁・乱丁本はお取り替えいたします。

──────── 簿記・会計選書 ────────

簿 記 処 理 基 本 演 習	倍　　　和　博	編著	1,700 円
初 級 簿 記 教 本	海 老 原　　諭	著	2,800 円
初 級 簿 記 教 本 問 題 集	海 老 原　　諭	著	2,200 円
学 部 生 の た め の 企 業 分 析 テ キ ス ト ―業界・経営・財務分析の基本―	髙 橋　　聡 福 川 裕 徳 三 浦　　敬	編著	3,600 円
日 本 簿 記 学 説 の 歴 史 探 訪	上 野 清 貴	編著	3,000 円
全 国 経 理 教 育 協 会 公式簿記会計仕訳ハンドブック	上 野 清 貴 吉 田 智 也	編著	1,200 円
企 業 簿 記 論	中島・髙橋・柴野	著	2,300 円
ニューステップアップ簿記	大 野 智 弘	編著	2,700 円
管 理 会 計 っ て 何 だ ろ う ―町のパン屋さんからトヨタまで―	香 取　　徹	著	1,900 円
原 価 会 計 の 基 礎 と 応 用	望 月 恒 男 細 海 昌一郎	編著	3,600 円
政策評価におけるインパクト測定の意義	宮 本 幸 平	著	2,500 円
非 営 利・政 府 会 計 テ キ ス ト	宮 本 幸 平	著	2,000 円
税 務 会 計 論	柳　　裕 治	編著	2,800 円
ゼ ミ ナ ー ル 監 査 論	山 本 貴 啓	著	3,200 円
内 部 統 制 監 査 の 論 理 と 課 題	井 上 善 弘	著	2,350 円
コ ン ピ ュ ー タ 会 計 基 礎	河 合・櫻 井 成 田・堀 内	著	1,900 円
は じ め て 学 ぶ 国 際 会 計 論	行 待 三 輪	著	1,900 円
私 立 大 学 の 会 計 情 報 を 読 む ―成 長 の 源 泉 を 求 め て―	小 藤 康 夫	著	2,000 円

(本体価格)

──────── 創 成 社 ────────

簿記処理基本演習

【解答用紙】

第1章　企業活動と簿記の諸概念

【問1】

(1)		(2)		(3)		(4)		(5)	
(6)		(7)		(8)		(9)		(10)	
(11)		(12)		(13)		(14)		(15)	
(16)		(17)		(18)		(19)		(20)	

【問2】 (1)

貸 借 対 照 表

（　　　　）商店　　　　　×（　　）年（　　）月（　　）日

（　　　　　　　　　）	金　　額	（　　　　　　　　　　　）	金　　額

(2)

貸 借 対 照 表

（　　　　）商店　　　　　×（　　）年（　　）月（　　）日

（　　　　　　　　　）	金　　額	（　　　　　　　　　　　）	金　　額

【問3】

損 益 計 算 書

(　　　　)商店　×(　)年(　)月(　)日から×(　)年(　)月(　)日

(　　　　　)	金　額	(　　　　　)	金　額

【問4】

期首純資産	期末純資産	当期純損益
315,000	273,000	
	117,000	32,000
203,000	152,000	
155,000		39,000

【問5】

期首純資産	期末純資産	当期収益	当期費用	当期純損益
450,000		233,000		46,000
579,000			261,000	78,000
	114,000	241,000		△ 48,000
	342,000	210,000	155,000	
190,000	250,000		347,000	

【問6】

期首純資産	期末資産	期末負債	期末純資産	当期純損益
210,000	440,000	255,000		
	590,000	270,000		65,000
150,000	273,000		143,000	
255,000		197,000		35,000
		157,000	188,000	38,000

第2章　会計データの処理のメカニズム

【問1】

(1)		(2)		(3)		(4)		(5)		(6)		(7)	

【問2】

(1)		(2)		(3)		(4)		(5)	

【問3】

	借方の要素	金　額	貸方の要素	金　額
〈例〉	費用の発生	3,000	資産の減少	3,000
7月1日				
5日				
12日				
17日				
23日				
26日				
29日				

【問4】

	借方の要素	金　額	貸方の要素	金　額
〈例〉	費用（仕　入）の発生	*10,000*	資産（現　金）の減少	*10,000*
(1)				
(2)				
(3)				
(4)				
(5)				
(6)				

第3章　仕訳と転記

【問1】

	借　方　科　目	金　額	貸　方　科　目	金　額
12月3日				
6日				
12日				
15日				
22日				
25日				
29日				

【問2】

現　金	貸　付　金
5/1 資本金 *1,200,000*	

資 本 金		仕 入	
5/1 現 金 1,200,000			

給 料		売 上	

受 取 利 息		受 取 手 数 料	

【問3】

	借 方 科 目	金 額	貸 方 科 目	金 額
11月1日				
5日				
13日				
18日				
25日				
29日				

現 金		借 入 金	

建 物		資 本 金	

仕 入		売 上	

水 道 光 熱 費		支 払 利 息	

給 料	

[5]

【問1】

総 勘 定 元 帳

現　　　金	1	仕　　　入	7

貸　付　金	2	給　　　料	8

借　入　金	3	支　払　家　賃	9

資　本　金	4	広告宣伝費	10

売　　　上	5	水道光熱費	11

受取手数料	6		

合　計　試　算　表
令和×8年11月30日

借　　方	元丁	勘　定　科　目	貸　　方
	1	現　　　　　金	
	2	貸　　付　　金	
	3	借　　入　　金	
	4	資　　本　　金	
	5	売　　　　　上	
	6	受　取　手　数　料	
	7	仕　　　　　入	
	8	給　　　　　料	
	9	支　払　家　賃	
	10	広　告　宣　伝　費	
	11	水　道　光　熱　費	

【問2】

残　高　試　算　表
令和×6年12月31日

借方残高	元丁	勘　定　科　目	貸方残高
	1	現　　　　　金	
	2	売　　掛　　金	
	3	貸　　付　　金	
	4	借　　入　　金	
	5	資　　本　　金	
	6	売　　　　　上	
	7	受　取　利　息	
	8	仕　　　　　入	
	9	給　　　　　料	
	10	支　払　家　賃	
	11	広　告　宣　伝　費	
	12	水　道　光　熱　費	

【問3】

合 計 残 高 試 算 表
令和×6年3月31日

借 方		元丁	勘 定 科 目	貸 方	
残 高	合 計			合 計	残 高
		1	現　　　　　金		
		2	売　　掛　　金		
		3	繰　越　商　品		
		4	買　　掛　　金		
		5	借　　入　　金		
		6	資　　本　　金		
		7	売　　　　　上		
		8	仕　　　　　入		
		9	給　　　　　料		
		10	水　道　光　熱　費		
		11	支　払　利　息		
		12	雑　　　　　損		

【問1】

6 桁 精 算 表
令和×5年3月31日

勘 定 科 目	元丁	残高試算表		損益計算書		貸借対照表	
		借 方	貸 方	借 方	貸 方	借 方	貸 方
現　　　　金	1	480,000					
建　　　　物	2	550,000					
備　　　　品	3	100,000					
借　入　金	4		190,000				
資　本　金	5		900,000				
売　　　　上	6		320,000				
受　取　手　数　料	7		29,000				
仕　　　　入	8	250,000					
給　　　　料	9	24,000					
支　払　家　賃	10	28,000					
雑　　　　損	11	7,000					
		1,439,000	1,439,000				
当 期 純 （　　　）							

【問2】

6 桁 精 算 表

令和×7年3月31日

勘 定 科 目	元丁	残高試算表		損益計算書		貸借対照表	
		借 方	貸 方	借 方	貸 方	借 方	貸 方
現　　　　　金	1						
当 座 預 金	2						
受 取 手 形	3						
支 払 手 形	4						
借 入 金	5						
資 本 金	6						
売　　　　　上	7						
仕　　　　　入	8						
給　　　　　料	9						
支 払 家 賃	10						
支 払 利 息	11						
雑　　　　　損	12						
当 期 純（　　　）							

第6章　現金・預金取引の処理

【問1】

	借 方 科 目	金 額	貸 方 科 目	金 額
(1)				
(2)				
(3)				
(4)				

【問2】

現 金 出 納 帳

令和×5年		摘　　　要	収　　入	支　　出	残　　高
7	1	前週繰越	438,000		438,000
		次週繰越			
7	8				

【問3】

	借 方 科 目	金 額	貸 方 科 目	金 額
(1)				
(2)				
(3)				

【問4】

	借　方　科　目	金　　額	貸　方　科　目	金　　額
(1)				
(2)				
(3)				
(4)				

【問5】

〈一勘定制による仕訳〉

	借　方　科　目	金　　額	貸　方　科　目	金　　額
(1)				
(2)				
(3)				

〈二勘定制による仕訳〉

	借　方　科　目	金　　額	貸　方　科　目	金　　額
(1)				
(2)				
(3)				

第7章　小口現金取引の処理

【問1】

	借　方　科　目	金　　額	貸　方　科　目	金　　額
7 / 1				
7 /11				
7 /31				
8 / 1				

【問2】

	借 方 科 目	金 額	貸 方 科 目	金 額
(1)				
(2)				

【問3】

小 口 現 金 出 納 帳

受　入	令和×6年		摘　　要	支　払	内　　　訳			
					消耗品費	交通費	通信費	雑　費
50,000	10	6	前 週 繰 越					
			合　　　　計					
			本 日 補 給					
			次 週 繰 越					
	10	13	前 週 繰 越					

[13]

【問4】

小 口 現 金 出 納 帳

受　　入	令和×5年		摘　　　要	支　払	内　　訳			
					通信費	交通費	消耗品費	雑　費
3,270	2	10	前　週　繰　越					
11,730		〃	本　日　補　給					
			合　　　　計					
			次　週　繰　越					
	2	17	前　週　繰　越					
		〃	本　日　補　給					

第8章　有価証券取引の処理

【問1】

	借　方　科　目	金　　額	貸　方　科　目	金　　額
(1)				
(2)				
(3)				
(4)				
(5)				
(6)				

【問2】

	借 方 科 目	金 額	貸 方 科 目	金 額
(1)				
(2)				
(3)				
(4)				
(5)				
(6)				

第9章　商品仕入・販売取引の処理

【問1】

	借 方 科 目	金 額	貸 方 科 目	金 額
(1)				
(2)				
(3)				
(4)				

【問2】

	借 方 科 目	金 額	貸 方 科 目	金 額
11/ 5				
7				
12				
18				
24				

【問3】

	借 方 科 目	金 額	貸 方 科 目	金 額
(1)				
(2)				
(3)				
(4)				

【問4】

	借 方 科 目	金 額	貸 方 科 目	金 額
(1)				
(2)				
(3)				
(4)				

【問5】

仕　　入

総 仕 入 高 （　　　　）	仕入値引高 （　　　　　　）
3/31 （　　　　　） （　　　　　）	3/31 （　　　　　） （　　　　　）
	〃 （　　　　　） （　　　　　）
（　　　　　）	（　　　　　）

売　　上

売上戻り高 （　　　　）	総 売 上 高 （　　　　　　）
3/31 （　　　　　） （　　　　　）	
（　　　　　）	（　　　　　）

繰越商品

4/1　前 期 繰 越 （　　　　）	3/31 （　　　　　） （　　　　　）
3/31 （　　　　） （　　　　）	〃 （　　　　　） （　　　　　）
（　　　　）	（　　　　　）
4/1　前 期 繰 越 （　　　　）	

損　　益

3/31 （　　　　） （　　　　）	3/31 （　　　　　） （　　　　　）

第10章　商品取引の帳簿記入

【問1】

仕　入　帳

令和×6年	摘　　要	内　訳	金　額

【問2】

売　上　帳

令和×7年	摘　　要	内　訳	金　額

【問3】

商品有高帳
(移動平均法) 電　卓

令和 ×6年		摘　要	受　入　高			払　出　高			残　高		
			数量	単価	金額	数量	単価	金額	数量	単価	金額
10	1	前月繰越	100	1,200	120,000				100	1,200	120,000

売上原価の計算

月初商品棚卸高	（　　　　　　　）
当月商品仕入高	（　　　　　　　）
合　　　　計	（　　　　　　　）
月末商品棚卸高	（　　　　　　　）
売　上　原　価	（　　　　　　　）

売上総利益の計算

売　　上　　高	（　　　　　　　　）
売　上　原　価	（　　　　　　　　）
売　上　総　利　益	（　　　　　　　　）

【問4】

商品有高帳
(先入先出法) 電　卓

令和 ×8年		摘　要	受　入　高			払　出　高			残　高		
			数量	単価	金額	数量	単価	金額	数量	単価	金額
6	1	前月繰越	30	2,800	84,000				30	2,800	84,000

売上原価の計算

月初商品棚卸高	(	)
当月商品仕入高	(	)
合　　　計	(	)
月末商品棚卸高	(	)
売　上　原　価	(	)

売上総利益の計算

売　　上　　高	(	)
売　上　原　価	(	)
売　上　総　利　益	(	)

商 品 有 高 帳
電　卓

(移動平均法)

令和×7年		摘　要	受　入　高			払　出　高			残　高		
			数量	単価	金額	数量	単価	金額	数量	単価	金額
6	1	前月繰越	30	2,800	84,000				30	2,800	84,000

売上原価の計算

月初商品棚卸高	(	)
当月商品仕入高	(	)
合　　　計	(	)
月末商品棚卸高	(	)
売　上　原　価	(	)

売上総利益の計算

売　　上　　高	(	)
売　上　原　価	(	)
売　上　総　利　益	(	)

【問5】

商 品 有 高 帳
パソコン

(移動平均法)

令和×7年		摘　要	受　入　高			払　出　高			残　高		
			数量	単価	金額	数量	単価	金額	数量	単価	金額
10	1	前月繰越	10	60,000	600,000				10	60,000	600,000

売上原価の計算

月初商品棚卸高	（　　　　　　）
当月商品仕入高	（　　　　　　）
合　　　　計	（　　　　　　）
月末商品棚卸高	（　　　　　　）
売　上　原　価	（　　　　　　）

売上総利益の計算

売　　上　　高	（　　　　　　）
売　上　原　価	（　　　　　　）
売　上　総　利　益	（　　　　　　）

【問6】

商　品　有　高　帳
（先入先出法）　　　　　　　　ボールペン

令和 ×8年		摘　要	受　入　高			払　出　高			残　高		
			数量	単価	金額	数量	単価	金額	数量	単価	金額
3	1	前月繰越	40	75	3,000				40	75	3,000

売上原価の計算

月初商品棚卸高	（　　　　　　）
当月商品仕入高	（　　　　　　）
合　　　　計	（　　　　　　）
月末商品棚卸高	（　　　　　　）
売　上　原　価	（　　　　　　）

売上総利益の計算

売　　上　　高	（　　　　　　）
売　上　原　価	（　　　　　　）
売　上　総　利　益	（　　　　　　）

第11章　売掛金・買掛金の処理

【問1】

	借 方 科 目	金 額	貸 方 科 目	金 額
(1)				
(2)				
(3)				
(4)				
(5)				
(6)				

【問2】

売 掛 金 元 帳
愛知商店

令和×8年		摘　　要	借　　方	貸　　方	借または貸	残　　高
10	1	前 月 繰 越				170,000
	6	売　　　　　上				
	13			7,000		
	19					
	26	入　　　　　金				
	31	次 月 繰 越				
11	1					

【問3】

買 掛 金 元 帳
青森商店

令和×8年		摘　　要	借　　方	貸　　方	借または貸	残　　高
6	1	前 月 繰 越				138,000
	7	仕　　　　　入				
	14					
	15		15,000			
	28	支　　　　　払				
	30	次 月 繰 越				
7	1					

第12章　その他の債権・債務の処理

【問1】

	借　方　科　目	金　　額	貸　方　科　目	金　　額
(1)				
(2)				
(3)				
(4)				
(5)				
(6)				
(7)				
(8)				
(9)				
(10)				

【問2】

記号	勘　定　科　目	記号	金　　額
(イ)		(a)	
(ロ)		(b)	
(ハ)		(c)	
(ニ)		(d)	
(ホ)			

【問3】

(イ)	(ロ)	(ハ)	(ニ)	(ホ)
(ヘ)	(a)	(b)	(c)	(d)

【問1】

	借　方　科　目	金　　額	貸　方　科　目	金　　額
(1)				
(2)				
(3)				
(4)				

【問2】

	借　方　科　目	金　　額	貸　方　科　目	金　　額
(1)				
(2)				
(3)				
(4)				
(5)				

【問3】

		借　方　科　目	金　　額	貸　方　科　目	金　　額
第13期	1月17日				
	3月31日				
第14期	4月27日				
	6月11日				
	8月19日				

第14章　手形取引の処理

【問1】

〈岩手商店〉

	借　方　科　目	金　額	貸　方　科　目	金　額
(1)				
(2)				

〈岐阜商店〉

	借　方　科　目	金　額	貸　方　科　目	金　額
(1)				
(2)				

【問2】

〈足立商店〉

	借　方　科　目	金　額	貸　方　科　目	金　額
(1)				
(2)				

〈葛飾商店〉

	借　方　科　目	金　額	貸　方　科　目	金　額
(1)				
(2)				

〈豊島商店〉

	借　方　科　目	金　額	貸　方　科　目	金　額
(1)				
(2)				

【問3】

	借 方 科 目	金 額	貸 方 科 目	金 額
(1)				
(2)				
(3)				
(4)				
(5)				
(6)				
(7)				
(8)				
(9)				
(10)				
(11)				
(12)				

【問4】

日 付	借 方 科 目	金 額	貸 方 科 目	金 額
7 / 2	受 取 手 形	30,000	( )	30,000
7 /15	( )	50,000	売 掛 金	50,000
7 /20	受 取 手 形	120,000	( )	120,000

日 付	借 方 科 目	金 額	貸 方 科 目	金 額
7 / 9	買 掛 金	130,000	( ) 売 掛 金	30,000 100,000
8 /31	( ) 当 座 預 金	2,000 118,000	受 取 手 形	120,000
10/15	当 座 預 金	50,000	受 取 手 形	50,000

【問5】

日　付	借　方　科　目	金　　額	貸　方　科　目	金　　額
12月13日				
1月8日				
2月1日				

【問6】

(1)

(2)

日　付		借　方　科　目	金　　額	貸　方　科　目	金　　額
8	13				
9	5				
10	13				

第15章　固定資産取引の処理

【問1】

	借　方　科　目	金　　額	貸　方　科　目	金　　額
(1)				
(2)				
(3)				
(4)				
(5)				

【問２】

	借 方 科 目	金 額	貸 方 科 目	金 額
(1)				
(2)				
(3)				
(4)				
(5)				
(6)				
(7)				
(8)				
(9)				
(10)				
(11)				

第16章　費用・収益の繰延べ

【問1】

	借　方　科　目	金　　額	貸　方　科　目	金　　額
(1)				
(2)				
(3)				

【問2】

	借　方　科　目	金　　額	貸　方　科　目	金　　額
(1)				
(2)				
(3)				

【問3】

	借　方　科　目	金　　額	貸　方　科　目	金　　額
(1)				
(2)				
(3)				
(4)				

【問4】

(1)の方法により処理した場合

消 耗 品 費

6/1	現　　　金	70,000	12/31 （　　　　）	（　　　　）
			〃 （　　　　）	（　　　　）
		70,000		70,000

消 耗 品

12/31 （　　　）	（　　　　）	12/31 （　　　　）	（　　　　）

損 益

12/31	消 耗 品 費 （　　　）	

(2)の方法により処理した場合

消　耗　品

6/1 現　　　　金	70,000	12/31 (	) (	)
		〃 (	) (	)
	70,000			70,000

消　耗　品　費

12/31 (	) (	)	12/31 (	) (	)

損　　益

12/31 消　耗　品　費 (	)	

第17章　費用・収益の見越し

【問1】

	借　方　科　目	金　額	貸　方　科　目	金　額
(1)				
(2)				
(3)				
(4)				

【問2】

	借　方　科　目	金　額	貸　方　科　目	金　額
(1)				
(2)				
(3)				
(4)				

【問3】

	借　方　科　目	金　額	貸　方　科　目	金　額
(1)				
(2)				
(3)				
(4)				

第18章　試算表の作成

【問1】

合計残高試算表
令和×8年1月31日

借　　方		勘　定　科　目	貸　　方	
残　　高	合　　　計		合　　　計	残　　高
		現　　　　　　金		
		当　座　預　金		
		受　取　手　形		
		売　　掛　　金		
		繰　越　商　品		
		備　　　　　品		
		支　払　手　形		
		買　　掛　　金		
		未　　払　　金		
		預　　り　　金		
		借　　入　　金		
		資　　本　　金		
		引　　出　　金		
		売　　　　　上		
		仕　　　　　入		
		給　　　　　料		
		発　　送　　費		
		支　払　家　賃		
		支　払　利　息		

売　掛　金　明　細　表			買　掛　金　明　細　表		
	1月26日	1月31日		1月26日	1月31日
浦和商店	¥	¥	札幌商店	¥　70,000	¥
神戸商店	121,000		清水商店	72,000	
名古屋商店	130,000		川崎商店		
	¥	¥		¥	¥

【問2】

残 高 試 算 表

(2) 8月31日の残高	(1) 8月中の取引	7月31日の残高	勘 定 科 目	7月31日の残高	(1) 8月中の取引	(2) 8月31日の残高
		175,000	現　　　　　金			
		196,000	当　　　　　座			
		920,000	受　取　手　形			
		282,000	売　　掛　　金			
		430,000	売買目的有価証券			
		130,000	未　　収　　金			
		77,000	繰　越　商　品			
		1,500,000	備　　　　　品			
			支　払　手　形	480,000		
			買　　掛　　金	329,000		
			仮　　受　　金	78,000		
			借　　入　　金	1,000,000		
			貸　倒　引　当　金	36,000		
			備品減価償却累計額	675,000		
			資　　本　　金	800,000		
			売　　　　　上	2,844,000		
			受　取　手　数　料	8,000		
		1,832,000	仕　　　　　入			
		230,000	給　　　　　料			
		150,000	支　払　家　賃			
		68,000	交　　通　　費			
		101,000	通　　信　　費			
		139,000	水　道　光　熱　費			
		20,000	支　払　利　息			
			有　価　証　券　売　却　損			
			手　形　売　却　損			
			固　定　資　産　売　却　益			
		6,250,000		6,250,000		

[31]

【問3】

合 計 試 算 表
令和×9年1月31日

借　方	勘 定 科 目	貸　方
	現　　　　　　　　金	
	現 金 過 不 足	
	当 座 預 金	
	受 取 手 形	
	売 　 掛 　 金	
	売 買 目 的 有 価 証 券	
	繰 越 商 品	
	未 　 収 　 金	
	前 　 払 　 金	
	仮 　 払 　 金	
	建　　　　　　　　物	
	備　　　　　　　　品	
	支 払 手 形	
	買 　 掛 　 金	
	借 　 入 　 金	
	未 　 払 　 金	
	前 　 受 　 金	
	仮 　 受 　 金	
	所 得 税 (　　　　　)	
	貸 倒 引 当 金	
	建 物 減 価 償 却 累 計 額	
	備 品 減 価 償 却 累 計 額	
	資 　 本 　 金	
	(　　　　　　　　　)	
	売　　　　　　　　上	
	有 価 証 券 売 却 益	
	固 定 資 産 売 却 益	
	仕　　　　　　　　入	
	給　　　　　　　　料	
	通 　 信 　 費	
	保 　 険 　 料	
	手 形 売 却 損	
	支 払 利 息	
	租 税 公 課	
	(　　　　　) 損 失	

[32]

第19章 決算と決算整理

【問1】

[決算整理仕訳]

	借 方 科 目	金 額	貸 方 科 目	金 額
(1)				
(2)				

【問2】

	借 方 科 目	金 額	貸 方 科 目	金 額
(1)				
(2)				
(3)				
(4)				
(5)				
(6)				
(7)				

繰 越 試 算 表
令和×8年3月31日

借　　方	元丁	勘 定 科 目	貸　　方
	1	現　　　　　金	
	2	当　座　預　金	
	3	受　取　手　形	
	4	売 買 目 的 有 価 証 券	
	5	繰　越　商　品	
	6	建　　　　　物	
	7	土　　　　　地	
	8	前　払　家　賃	
	9	支　払　手　形	
	10	買　　掛　　金	
	11	借　　入　　金	
	12	未　払　保　険　料	
	13	貸　倒　引　当　金	
	14	建 物 減 価 償 却 累 計 額	
	15	資　　本　　金	

第20章　精算表の作成

【問1】

精　算　表

勘 定 科 目	残高試算表 借方	残高試算表 貸方	整理記入 借方	整理記入 貸方	損益計算書 借方	損益計算書 貸方	貸借対照表 借方	貸借対照表 貸方
現　　　　　金	87,000							
現 金 過 不 足		6,000						
当 座 預 金	120,000							
受 取 手 形	173,000							
売 　掛　 金	82,000							
売買目的有価証券	78,000							
仮 　払　 金	8,000							
繰 越 商 品	110,000							
建　　　　　物	1,000,000							
備　　　　　品	240,000							
支 払 手 形		94,000						
買 　掛　 金		72,000						
借 　入　 金		300,000						
貸 倒 引 当 金		3,000						
建物減価償却累計額		120,000						
備品減価償却累計額		108,000						
資 　本　 金		1,000,000						
売　　　　　上		2,150,000						
受 取 利 息		15,000						
受 取 手 数 料		6,000						
仕　　　　　入	1,556,000							
給　　　　　料	230,000							
保 　険　 料	42,000							
通 　信　 費	28,000							
支 払 家 賃	72,000							
広 告 宣 伝 費	38,000							
支 払 利 息	10,000							
	3,874,000	3,874,000						
貸倒引当金繰入								
有価証券評価益								
減 価 償 却 費								
（　　　）保険料								
（　　　）家　賃								
前 受 （　　　）								
（　　　）利　息								
当 期 純 （　　　）								

【問2】

精　算　表

勘定科目	残高試算表 借方	残高試算表 貸方	整理記入 借方	整理記入 貸方	損益計算書 借方	損益計算書 貸方	貸借対照表 借方	貸借対照表 貸方
現　　　　　金	38,200							
当　座　預　金	87,000							
受　取　手　形	84,000							
売　　掛　　金	66,000							
仮　　払　　金	10,000							
売買目的有価証券	45,500							
繰　越　商　品	86,000							
備　　　　　品	26,000							
建　　　　　物	90,000							
土　　　　　地	40,000							
支　払　手　形		64,000						
買　　掛　　金		75,000						
貸　倒　引　当　金		1,700						
建物減価償却累計額		10,800						
借　　入　　金		120,000						
資　　本　　金		200,000						
売　　　　　上		494,000						
受　取　家　賃		15,000						
受　取　利　息		900						
仕　　　　　入	314,000							
給　　　　　料	54,000							
旅　費　交　通　費	20,000							
消　耗　品　費	18,200							
支　払　利　息	2,500							
	981,400	981,400						
（　　　　　）								
貸倒引当金（　　）								
有価証券（　　）								
減　価　償　却　費								
（　　　　　）								
（　　）家　賃								
（　　）利　息								
（　　　　　）								
当　期　純（　　）								

【問3】

精　算　表

勘定科目	残高試算表 借方	残高試算表 貸方	整理記入 借方	整理記入 貸方	損益計算書 借方	損益計算書 貸方	貸借対照表 借方	貸借対照表 貸方
現　　　　　金	382,000							
当　座　預　金	449,000							
受　取　手　形	428,000							
売　　掛　　金	357,000							
仮　　払　　金	150,000							
売買目的有価証券	690,000							
繰　越　商　品	245,000							
消　　耗　　品	70,000							
建　　　　　物	2,500,000							
備　　　　　品	600,000							
貸　　付　　金	800,000							
支　払　手　形		417,000						
買　　掛　　金		361,000						
借　　入　　金		300,000						
前　　受　　金		50,000						
未　　払　　金		12,000						
貸　倒　引　当　金		11,000						
建物減価償却累計額		281,250						
備品減価償却累計額		180,000						
資　　本　　金		3,500,000						
売　　　　　上		9,524,000						
受　取　家　賃		395,000						
受　取　利　息		20,000						
仕　　　　　入	7,612,250							
給　　　　　料	592,000							
水　道　光　熱　費	119,000							
通　　信　　費	45,000							
支　払　利　息	12,000							
	15,051,250	15,051,250						
貸倒引当金繰入								
有価証券評価（　）								
減　価　償　却　費								
（　　　　　）								
前　払　（　　　）								
（　　　）利　息								
（　　　）家　賃								
当　期　純　（　　）								

【問4】

精　算　表

勘定科目	残高試算表 借方	残高試算表 貸方	整理記入 借方	整理記入 貸方	損益計算書 借方	損益計算書 貸方	貸借対照表 借方	貸借対照表 貸方
現　　　　金	18,700							
当 座 預 金	66,300							
受 取 手 形	31,100							
売　掛　金	22,900							
貸　付　金	15,000							
繰 越 商 品	54,000						59,500	
備　　　　品	40,000							
支 払 手 形		24,800						
買　掛　金		21,400						
借　入　金		25,000						
貸 倒 引 当 金		1,500		2,160				
備品減価償却累計額		13,500						18,000
資　本　金								
売　　　　上		451,000						
受 取 利 息		800				920		
仕　　　　入	296,000		54,000					
給　　　　料	95,100							
広 告 宣 伝 費	7,200							
支 払 家 賃	7,900							
水 道 光 熱 費	6,800							
保　険　料	800			300				
支 払 利 息	1,200				1,340			
	663,000	663,000						
（　　　　）繰入								
減 価 償 却 費								
（　　）利 息								
（　　）家 賃				2,900				
（　　）保 険 料								
未 払 利 息								
当 期 純（　　）								

[38]

【問5】

精　算　表

勘　定　科　目	残高試算表 借方	残高試算表 貸方	整理記入 借方	整理記入 貸方	損益計算書 借方	損益計算書 貸方	貸借対照表 借方	貸借対照表 貸方
現　　　　　金	3,200						3,200	
現 金 過 不 足								
当 座 預 金	33,100							
受 取 手 形	1,900							
売 　掛　 金	5,600							
貸 倒 引 当 金		130						
貸 　付　 金	7,400							
繰 越 商 品							4,500	
備　　　　　品	30,000							
備品減価償却累計額								13,500
建　　　　　物	60,000							
建物減価償却累計額		17,280		2,160				
支 払 手 形		2,700						
買 　掛　 金		6,300						
借 　入　 金		25,000						
資 　本　 金		70,000						
売　　　　　上		90,000						
受 取 家 賃		2,500						
受 取 利 息		900		50				
仕　　　　　入	71,000		4,000					
給　　　　　料	3,500							
水 道 光 熱 費	1,400							
保 　険　 料	1,600			1,300				
消 耗 品 費	700							
支 払 地 代			300		1,950			
支 払 利 息	600							
	225,650	225,650						
雑 （　　　）							40	
貸倒引当金（　）			95					
減 価 償 却 費					4,860			
消 　耗　 品			60					
前 払 保 険 料								
（　　）利 息							50	
（　　）地 代								
			14,205	14,205				
当 期 純（　　）								

[39]

第21章　決算振替仕訳と総勘定元帳の締切り

【問1】

	借　方　科　目	金　額	貸　方　科　目	金　額
(1)				
(2)				
(3)				

(4)

損　　　益		資　本　金	
			4／1　前期繰越　*1,000,000*

【問2】

(1)

	借　方　科　目	金　額	貸　方　科　目	金　額
収益勘定の振替				
費用勘定の振替				
純損益の振替				

(2)

現　　金	1		支払家賃	14	
528,000	308,000		30,000		

		損　　益	16	

資　本　金	8	
	300,000	

(3)

繰　越　試　算　表
令和×7年3月31日

借　　方	元丁	勘　定　科　目	貸　　方
	1	現　　　　　　金	
	2	売　　掛　　金	
	3	受　取　手　形	
	4	繰　越　商　品	
	5	備　　　　　　品	
	6	買　　掛　　金	
	7	支　払　手　形	
	8	資　　本　　金	

(4)

損 益 計 算 書

青森商店 　　　　　　令和×6年4月1日から令和×7年3月31日

費　　　用	金　　額	収　　　益	金　　額

貸 借 対 照 表

青森商店 　　　　　　令和×7年3月31日

資　　　産	金　　額	負債・純資産	金　　額

【問3】

	総収益	総費用	期首純資産	期末純資産	期末資産	期末負債	当期純損益
(1)	570,000	(　　　　)	1,200,000	(　　　　)	2,100,000	(　　　　)	(　　　　)
(2)	(　　　　)	390,000	(　　　　)	1,500,000	(　　　　)	800,000	(　　　　)

【問4】

	借 方 科 目	金 額	貸 方 科 目	金 額
(1)				
(2)				

【問5】

	借 方 科 目	金 額	貸 方 科 目	金 額
(1)				
(2)				

第22章　財務諸表の作成

【問1】

損 益 計 算 書

令和×6年10月1日から令和×7年9月30日

費　　用	金　額	収　　益	金　額
（　　　）原　価	（　　　）	売　上　高	（　　　）
給　　　料	（　　　）	（　　　）	（　　　）
（　　　）家　賃	（　　　）		
減　価（　　　）	（　　　）		
（　　　）	（　　　）		
貸倒（　　　）	（　　　）		
（　　　）利　息	（　　　）		
有価証券評価損	（　　　）		
（　　　）	（　　　）		
	（　　　）		（　　　）

貸 借 対 照 表
令和×7年9月30日

資　　産	金　　額	負債・純資産	金　　額
現　　　　金	（　　　　）	（　　　）手形	（　　　）
当 座 預 金	（　　　　）	借　入　金	（　　　）
（　　　　）	（　　　）（　　　）	（　　　）家賃	（　　　）
貸 倒 引 当 金	（　　　）（　　　）	資　本　金	（　　　）
売買目的有価証券	（　　　　）	（　　　　　）	（　　　）
商　　　品	（　　　　）		
（　　　　）	（　　　　）		
（　　　　）	（　　　　）		
備　　　品	（　　　）		
（　　　　）	（　　　）（　　　）		
	（　　　　）		（　　　）

【問2】

損 益 計 算 書
令和×5年4月1日から令和×6年3月31日

費　　用	金　　額	収　　益	金　　額
売 上 原 価	（　　　）	売　上　高	（　　　）
販　売　費	（　　　）	受 取 手 数 料	（　　　）
給　　料	（　　　）	受 取 配 当 金	（　　　）
保　険　料	（　　　）	（　　　　　）	（　　　）
減 価 償 却 費	（　　　）		
貸 倒 引 当 金 繰 入	（　　　）		
（　　　　）	（　　　）		
有 価 証 券 評 価 損	（　　　）		
（　　　　）	（　　　）		
	（　　　）		（　　　）

貸 借 対 照 表
令和 × 6 年 3 月 31 日

資　　産	金　　額		負債・純資産	金　　額
現　金　預　金		（　　　　）	支　払　手　形	（　　　　）
受　取　手　形	（　　　）		買　　掛　　金	（　　　　）
（　　　　　　）	（　　　） （　　　　）		借　　入　　金	（　　　　）
売　　掛　　金	（　　　）		（　　　　　　）	（　　　　）
（　　　　　　）	（　　　） （　　　　）		（　　　）利　息	（　　　　）
有　価　証　券		（　　　　）	資　　本　　金	（　　　　）
商　　　　　品		（　　　　）	（　　　　　　）	（　　　　）
（　　　　　　）		（　　　　）		
建　　　　　物	（　　　）			
（　　　　　　）	（　　　） （　　　　）			
備　　　　　品	（　　　）			
（　　　　　　）	（　　　） （　　　　）			
土　　　　　地		（　　　　）		
		（　　　　）		（　　　　）

[45]

【問3】

損　益　計　算　書
令和×4年4月1日から令和（　　　）年（　　　）月（　　　）日

費　　　用	金　　額	収　　　益	金　　額
売　上　原　価	（　　　　）	売　　上　　高	（　　　　）
給　　　　　料	（　　　　）	（　　　　　　　）	（　　　　）
貸倒引当金繰入	（　　　　）		
減　価　償　却　費	（　　　　）		
（　　　　　　　）	（　　　　）		
保　　険　　料	（　　　　）		
支　払　利　息	（　　　　）		
	（　　　　）		
	（　　　　）		（　　　　）

貸　借　対　照　表
令和（　　　）年（　　　）月（　　　）日

資　　　産	金　　額	負債・純資産	金　　額
現　　　　　金	（　　　　）	買　　掛　　金	（　　　　）
当　座　預　金	（　　　　）	借　　入　　金	（　　　　）
売　　掛　　金	（　　　）	（　　　）利　息	（　　　　）
（　　　　）	（　　　）（　　　　）	資　　本　　金	（　　　　）
商　　　　　品	（　　　　）	（　　　　　　　）	（　　　　）
（　　　　）	（　　　　）		
（　　　）保険料	（　　　　）		
建　　　　　物	（　　　）		
（　　　　）	（　　　）（　　　　）		
土　　　　　地	（　　　　）		
	（　　　　）		（　　　　）

第23章　伝票会計

【問1】

(1)

出 金 伝 票	
借方科目	金　　額

振　替　伝　票			
借方科目	金　　額	貸方科目	金　　額
仕　　入	*120,000*		

(2)

入 金 伝 票	
貸方科目	金　　額

振　替　伝　票			
借方科目	金　　額	貸方科目	金　　額
	10,000		*10,000*

【問2】

a	b	c	d

【問3】

	借 方 科 目	金　　額	貸 方 科 目	金　　額
(1)				
(2)				

【問4】

(1)

出 金 伝 票	
令和×7年2月1日	
（　　　　　）	

(2)

仕 入 伝 票	
令和×7年2月1日	
東京商店	

出 金 伝 票	
令和×7年2月1日	
（　　　　　）	

第1問（20点）

	借　方　科　目	金　　額	貸　方　科　目	金　　額
(1)				
(2)				
(3)				
(4)				
(5)				

第2問（12点）

(1)	(2)	(3)	(4)	(5)	(6)

(7)	(8)	(9)	(10)	(11)	(12)

第3問 （30点）

合計残高試算表
令和×7年1月31日

借 方 残 高	借 方 合 計	勘 定 科 目	貸 方 合 計	貸 方 残 高
		現　　　　　金		
		当 座 預 金		
		受 取 手 形		
		売 　 掛 　 金		
		繰 越 商 品		
		備　　　　　品		
		支 払 手 形		
		買 　 掛 　 金		
		未 　 払 　 金		
		預 　 り 　 金		
		借 　 入 　 金		
		資 　 本 　 金		
		売　　　　　上		
		仕　　　　　入		
		給　　　　　料		
		水 道 光 熱 費		
		支 払 家 賃		
		支 払 利 息		

売 掛 金 明 細 表

	1月25日	1月31日
土 浦 商 店	¥ 223,000	¥
愛 知 商 店	159,000	
厚 木 商 店	157,000	
	¥ 539,000	¥

買 掛 金 明 細 表

	1月25日	1月31日
神 戸 商 店	¥ 217,000	¥
名古屋商店	184,000	
千 葉 商 店	162,000	
	¥ 563,000	¥

[49]

第4問 (8点)

(1)

振 替 伝 票 令和×7年3月9日			
借方科目	金　　額	貸方科目	金　　額

(2)

振 替 伝 票 令和×7年3月19日			
借方科目	金　　額	貸方科目	金　　額

第5問 (30点)

精 算 表

勘 定 科 目	残高試算表 借方	残高試算表 貸方	整理記入 借方	整理記入 貸方	損益計算書 借方	損益計算書 貸方	貸借対照表 借方	貸借対照表 貸方
現　　　　　金	482,000							
当 座 預 金	528,000							
受 取 手 形	591,000							
売 　掛　 金	444,000							
売買目的有価証券	985,000							
繰 越 商 品	650,000							
消 　耗　 品	74,000							
建　　　　　物	2,300,000							
備　　　　　品	350,000							
支 払 手 形		301,000						
買 　掛　 金		350,250						
借 　入　 金		700,000						
貸 倒 引 当 金		13,000						
建物減価償却累計額		155,250						
備品減価償却累計額		126,000						
資 　本　 金		3,300,000						
売　　　　　上		9,437,500						
受 取 手 数 料		84,000						
受 取 家 賃		92,000						
仕　　　　　入	6,192,000							
給　　　　　料	1,728,000							
保 　険　 料	200,000							
支 払 利 息	35,000							
	14,559,000	14,559,000						
貸倒引当金繰入								
有価証券評価（　　）								
減 価 償 却 費								
（　　　　　）								
（　　　）利 息								
（　　　）保 険 料								
（　　　）家 賃								
当 期 純（　　　）								

第1問（20点）

	借　方　科　目	金　　額	貸　方　科　目	金　　額
(1)				
(2)				
(3)				
(4)				
(5)				

第2問（12点）

売　掛　金　元　帳
福岡商店

令和×5年		摘　　　要	借　　方	貸　　方	借または貸	残　　高
5	1	前　月　繰　越				
	7	入　　　　　金				
	11	売　　　　　上				
	13					
	19	為　手　振　出　し				
	26					
	31	次　月　繰　越				
6	1	前　月　繰　越				

第3問 (30点)

残 高 試 算 表
令和×6年3月31日

借　方	勘 定 科 目	貸　方
	現　金　預　金	
	受　取　手　形	
	売　　掛　　金	
480,000	繰　越　商　品	
	前　　払　　金	
	建　　　　物	
	備　　　　品	
1,000,000	土　　　　地	
	支　払　手　形	
	買　　掛　　金	
	借　　入　　金	
	（　　　　　　　）	12,000
	未　　払　　金	
	貸　倒　引　当　金	
	建物減価償却累計額	162,000
	備品減価償却累計額	
	資　　本　　金	2,180,000
	売　　　　上	
	仕　　　　入	
	給　　　　料	
	支　払　利　息	
	そ の 他 営 業 費	
	（　　　　　　　）	

第4問 (5点)

a	b	c	d	e

[53]

第5問 (33点)

精 算 表

勘 定 科 目	残高試算表		整理記入		損益計算書		貸借対照表	
	借 方	貸 方	借 方	貸 方	借 方	貸 方	借 方	貸 方
現　　　　　金	591,000							
当 座 預 金	887,000							
受 取 手 形	810,000							
売 掛 金	604,000							
売買目的有価証券	920,000							
繰 越 商 品	153,000							
貸 付 金	1,000,000							
未 収 金	25,000							
建　　　　　物	2,500,000							
備　　　　　品	800,000							
支 払 手 形		358,000						
買 掛 金		309,000						
貸 倒 引 当 金		10,200						
建物減価償却累計額		720,000						
備品減価償却累計額		360,000						
資 本 金		4,700,000						
売　　　　　上		10,287,000						
受 取 利 息		28,000						
仕　　　　　入	6,990,200							
給　　　　　料	815,000							
旅 費 交 通 費	203,000							
水 道 光 熱 費	140,000							
支 払 地 代	180,000							
通 信 費	120,000							
雑　　　　　費	34,000							
	16,772,200	16,772,200						
貸倒引当金(　　)								
(　　) 損 失								
有価証券評価(　　)								
減 価 償 却 費								
(　　) 利 息								
(　　) 通 信 費								
(　　) 地 代								
固定資産売却(　　)								
当 期 純 (　　)								

実力テスト　第3回

第1問（20点）

	借　方　科　目	金　　額	貸　方　科　目	金　　額
(1)				
(2)				
(3)				
(4)				
(5)				

第2問（8点）

	（イ）	（ロ）	（ハ）	（ニ）
1．現金出納帳	1	1	1	1
2．仕入帳	2	2	2	2
3．売上帳	3	3	3	3
4．商品有高帳	4	4	4	4
5．売掛金元帳	5	5	5	5
6．買掛金元帳	6	6	6	6
7．受取手形記入帳	7	7	7	7
8．支払手形記入帳	8	8	8	8

第3問（32点）

(1)

試　算　表

借　方			勘　定　科　目	貸　方		
②10/31合計	①10月中取引	10/1残高		10/1残高	①10月中取引	②10/31合計
		63,000	現　　　　　金			
		220,000	当　座　預　金			
		102,000	受　取　手　形			
		99,000	売　　掛　　金			
		63,000	繰　越　商　品			
		2,300	前　　払　　金			
		400	前　払　家　賃			
		300	未　収　地　代			
		90,000	備　　　　　品			
		130,000	土　　　　　地			
			支　払　手　形	96,000		
			買　　掛　　金	84,000		
			仮　　受　　金			
			資　　本　　金	590,000		
			売　　　　　上			
			受　取　地　代			
			仕　　　　　入			
			支　払　家　賃			
			給　　　　料			
			消　耗　品　費			
			通　信　費			
		770,000		770,000		

(2)

	売　掛　金　明　細　表				買　掛　金　明　細　表	
	10/1現在	10/31現在			10/1現在	10/31現在
石川商店	¥　40,000	¥	静岡商店	¥　4,000	¥
愛知商店	59,000		高知商店	80,000	
	¥　99,000	¥		¥　84,000	¥

第4問（8点）

（ア）	
（イ）	
（ウ）	
（エ）	

備　　　　　品

4/1	前　期　繰　越	（　ア　）	3/31	次　期　繰　越	（　　　）
3/31	（　　イ　　）	130,000			
		（　　　）			（　　　）

備品減価償却累計額

3/31	（　　　　　）	（　ウ　）	4/1	前　期　繰　越	160,000
			3/31	減　価　償　却　費	40,000
		（　　　）			（　　　）

減　価　償　却　費

3/31	（　　エ　　）	40,000	3/31	（　　　　　）	40,000

第5問 （32点）

貸 借 対 照 表

令和×7年3月31日

現　　　　　金	（　　　）	支 払 手 形	（　　　）
当 座 預 金	（　　　）	買 　掛 　金	（　　　）
受 取 手 形（　　　）		借 　入 　金	（　　　）
（　　　）（　　　）（　　　）		（　　）収 益	（　　　）
売 　掛 　金（　　　）		（　　）費 用	（　　　）
（　　　）（　　　）（　　　）		資 　本 　金	（　　　）
売買目的有価証券	（　　　）	当 期 純（　　）	（　　　）
商　　　　　品	（　　　）		
前 払 費 用	（　　　）		
備　　　　　品（　　　）			
（　　　）（　　　）（　　　）			
土　　　　　地	（　　　）		
	（　　　）		（　　　）

損 益 計 算 書

令和×6年4月1日から令和×7年3月31日

売 上（　　　）	（　　　）	売 　上 　高	（　　　）
給　　　　料	（　　　）	受 取 地 代	（　　　）
貸倒引当金（　　　）	（　　　）	（　　　　　　）	（　　　）
減 価 償 却 費	（　　　）		
支 払 家 賃	（　　　）		
通 　信 　費	（　　　）		
消 耗 品 費	（　　　）		
保 　険 　料	（　　　）		
（　　　）利 息	（　　　）		
（　　　　　　）	（　　　）		
当 期 純（　　）	（　　　）		
	（　　　）		（　　　）